問題不是從你開始的

以核心語言方法探索並療癒家族創傷對於身心健康的影響

家族排列治療的最後一塊拼圖

MARK WOLYNN
馬克・渥林——著
陳璽尹——譯

It Didn't Start with You:

How Inherited Family Trauma Shapes Who We Are and How to End the Cycle

目錄

那看穿夢的人；那望入覺醒之人。

——卡爾．榮格（Carl Jung），《信箋》（*Letters*）第一卷

序

恐懼的祕密語言

在黑暗的時刻，眼睛開始看見……

——西奧多・羅特克（Theodore Roethke），〈在黑暗的時刻〉（In a Dark Time）

這本書是一項任務的成果，這項任務領著我環遊世界，帶我回到家的根，帶我進入這趟旅程開始時自己並未預期的職業生涯。超過二十年的時間，我和不同的人合作，他們掙扎於憂鬱、焦慮、長期病痛（chronic illness）、恐懼症（phobia）、強迫性思考（obsessive thoughts）、創傷後症候群（PTSD），和其他難以忍受的病症。他們來找我的時候，很多人都對多年來經歷的談話治療、藥物治療和其他介入治療失去信心，並感到失望，認為這些治療並沒有揭露病症的源頭，也無法緩解痛苦。

我從自己的經驗、專業訓練，和臨床診療中學到，這個解答可能不只存在自己的故

事中，它也存於我們的父母、祖父母，甚至存於曾祖父母的故事裡。最新且登上頭條的科學研究發現，創傷的影響可能從上一代延續到下一代。這一「遺贈」被認知為繼承來的家族創傷，並且有愈來愈多證據，證明這一現象是確實發生的。痛苦並不總是會自己消逝，或隨著時間消滅。即使最初那個承受創傷的人已過世，即使他或她的故事已潛入經年的靜默之中，生命經驗的碎片、記憶和身體的感知仍繼續活著，好比是過去伸出手來，要在現時還活著的心靈或身體裡尋找解方。

接下來你將會讀到的，是我身為舊金山家庭系統排列機構（Family Constellation Institute）負責人時，結合了在診療時的實證觀察，以及在神經科學、表觀遺傳學（epigenetics）、語言科學（the science of language）的最新發現。這也和德國大名鼎鼎的心理治療師伯特・海寧格（Bert Hellinger）給我的專業訓練有所呼應。他所採用的家族治療方法顯示了：繼承性的家族創傷（inherited family trauma），對心理和生理的影響是跨越多世代的。

這本書大多篇幅，是專注於辨認出這些遺傳性的家庭模式：那些恐懼、感受，和我們無意識承接而來的行為，讓受苦的循環一代傳下一代。而我工作的核心，也是這本書的重點，即是如何終止這個循環。和我一樣，你可能會發現，很多模式其實不屬於我們。這些模式，僅是向家庭歷史中的他者借來的。但為什麼呢？我堅信是由於故事本身

需要被訴說，而不得不找到出口。以下讓我來分享自己的故事。

我的出發點，從來就不是創造出克服恐懼和焦慮的方法。一切都始於那天。我的眼睛看不見了，那是我第一次經驗陣陣襲來的眼型偏頭痛（ocular migraine）。當時並無身體上的疼痛感，而是一陣黑暗恐懼的氣旋籠罩，於此同時，我的視線矇矓不明。那時我三十四歲，在一片黑暗的辦公室中不斷被絆倒。我趕緊用手指摸上辦公桌撥出求救電話，電話那頭則回應我，救護車很快就會上路了。

普遍來說，單次發作的眼型偏頭痛並不嚴重。當下你的視線變得模糊不清，但通常一個小時內就會恢復正常，只是通常你不知道何時發作而已。在我的情況中，眼型偏頭痛不過是個開始。幾個星期之內，我的左眼視力開始減退。眼睛所見的，人們的臉龐和室外的路標，很快變成一片灰色的矇矓畫面。

醫生告知我患了中心性漿液性脈絡膜視網膜病變（central serous retinopathy），一種無藥可醫的病，病因不明。視網膜底部的液體增加而後溢出，以致視線中出現瘢痕且模糊。有百分之五的患者——如我——會轉入慢性病變，終將導致失明。我被告知，照這個情況發展下去，兩隻眼睛都可能受影響。只是時間早晚而已。

醫生無法告訴我是什麼導致視力喪失，又該如何治療。而所有我嘗試的方法，無論是吃維他命、喝排毒果汁、按摩治療，看來都只是讓狀況更糟。我不知所措，最大的恐

懼就在我前方展開，我卻無助得什麼也不能做。失明，我便不再能照顧自己，但又得獨自一人。我可能會分崩離析，生活被摧毀，我可能會失去活下去的意志。

我在腦中一次次重複播放這個腳本。我愈想它，愈深的絕望感便更加嵌進身體。我在泥沼中下沉。每當想把自己挖出來，念頭就又循環，回到那個畫面：孤單、無助，而且毀滅。我那時候不知道的是，這三個詞：孤單、無助和毀滅，實屬我描述內心恐懼之個人語言的一部分。在不受控制、無法駕馭的狀態下，它們纏繞在我的腦袋裡，讓我的身體煩躁不安。

我在想，我為何賦予這些想法如此威力？其他人的不幸遠超越我，他們也沒有墜落這麼深。是什麼和我有關的事情，讓我根深柢固停留在恐懼之中？一直到了很多年後，我才回答得出來。

回到那時，我能做的事就是離開。離開我的關係、我的家庭、我的工作，離開我的城市，離開所有我孰悉的事物。當時，我身處一個無法提供答案的世界，這個世界的人似乎都困惑而不快樂。我心中只有疑惑，當我意識到這件事，幾乎沒有繼續活下去的欲望。我把生意（很成功的活動策畫公司）轉手給一個嚴格來說剛認識的人，接著便離開，一直往東，去到我能到達的，最遠的東方，直到我抵達東南亞。我希望被治療，只是我不曉得所謂痊癒是什麼樣子。

我讀書，並和寫下那些書籍的老師一起研究。每當我聽到某個人也許可以幫助我，無論是哪個住在小屋裡的老女人，或穿著袈裟笑逐顏開的男人，我都會去拜訪。我參加訓練計畫，和精神導師一同吟唱。有個精神導師，對我們這些為了聽他說話而聚集的人說，他希望這些圍繞他的人是「尋求者」[1]。他說，尋求者會維持著持續尋找的狀態。

我想成為尋求者。我每日冥想好幾個小時，一次禁食好幾天。我熬煮藥草茶，並和那些想像中正在侵蝕我身體組織的猛烈毒素對戰。與此同時，我的視線持續惡化，憂鬱症狀也更嚴重了。

我當時不能理解的是，當我們試著去抵抗某種痛苦的感受，通常是拖長了這份我們想要避開的痛苦。試圖抵抗反而會持續受苦。尋找的行動也可能會阻擋我們尋求，而持續在自身之外尋找，反而無法得知自己其實已命中目標。自己的內在可能有什麼珍貴的事物正在發生，如果不調整自己進入狀態，便可能錯過。

「為什麼你不願看見呢？」治療者問我，想刺激我看得深一些。我怎麼知道呢？我當時身處黑暗。

在印尼時，一位精神導師為我點了盞明燈。他問：「你眼睛看得清楚時，你認為你

1 譯註：作者在此使用 finders，但之後也混用 seekers、searchers 等詞，描述「持續尋找的人」。

是誰呢？」他繼續說：「也許喬安的耳朵不如格哈聽得清楚，也可能艾莉莎的肺沒有葛塔的強壯。迪特里西走路也沒有賽巴斯汀來得穩。」（參加這個訓練計畫的不是荷蘭人就是德國人，而且似乎都陷於某種長期病痛。）什麼東西通了。他是對的。沒有眼疾的我是誰呢？是我太傲慢了，才和現實爭辯不休。無論我喜不喜歡，我的視網膜上有疤，我的視線模糊，但「我」，這個潛伏在病痛底下的我，開始感到平靜。無論我的視力狀況如何，再也不能決定我是如何。

為了深入學習，這位精神導師要我們花七十二個小時，也就是整整三天三夜摀住眼睛、塞住耳朵，坐在一塊小墊上冥想。每天，我們能吃一小碗米飯，只能喝白開水。不能睡覺，不能起身，不能躺下，不能說話。所謂上廁所，表示你要舉手，並讓人護送你到黑暗中的一個地上小洞。

這一瘋狂的舉動，是為了藉由密切觀察，以得知心智有多不理智。我發現我的心智持續以最壞的言語嘲弄我，並以謊言欺騙我說，如果我夠擔心，就能讓自己遠離我最深的恐懼。

經過這次和其他類似的經驗，我的內在聲音清晰了一些。我的眼睛還是老樣子，滲出液體，帶著瘢痕。在很多層次上，視力出問題是絕佳的隱喻。我終究明白那其實無關乎我能看見或不能看見什麼，而是關乎看見的方式。但這還不是我好轉的時候。

在我稱之為「視力追求」（vision quest）時期的第三年，我終於找到了我在尋找的東西。那時候，我花非常多時間冥想，憂鬱症狀大部分都消散了。我可以花上很長的時間安靜沉思，只和呼吸與身體知覺作伴。但這還是容易的部分。

有一天，我排隊參加「共修」（satsang），意即要和精神導師會面，就像寺廟裡其他排隊的人一樣。我身著白色罩袍等待了數小時，才輪到我。我期待導師能夠嘉獎我的獻身。但與我所預期的不同，他的眼光穿越我，並直視我逃避的事。「回家吧，」他說：「回家，並撥電話給你的母親和父親。」

什麼？我暴怒。身體因為憤怒而顫抖。很明顯他錯認我了，我早就不再需要我的父母，我已經長大到不再依賴他們，也在很早以前就放棄他們了。我尋求更好一點的父母，精神上的父母——那些老師們、精神導師們，那些有智慧的男人和女人——他們都領我到下一層次的覺醒。我當時很滿足於過去幾年所體驗，但其實是被誤導的治療經歷，像是把枕頭或紙板當成父母親來搥打，或撕爛成碎片。我因此相信我和他們的關係已經被「治癒」了，於是決定忽略精神導師的建議。

然而，有什麼東西和我的內在起了共鳴，我不太能真正放下他講的話。當時，我終於開始理解，曾經走過的路從來不會白費，那些發生在我們身上的事都是值得的。無論我們有沒有認出那表面的重要性，任何生活裡的事，終會領我們到某處。

這個「我」是完整的。我決心維持這假象。成為一位精熟的冥想者，是我當時抵死不放的信念。所以，我又找了另一位精神導師會面，我確信這位會闡明真相。每一天，這個人都將他充滿神性的愛灌注給幾百個人，他當然會認出我具有深度靈性，就像我想像的自己那樣。再一次，我等待了整天，直到輪我上前。我在隊伍最前方，然後事情又一次發生了。又是相同的幾句話，「打電話給你父母，回家，和他們和解。」

這次我聽進去了。

最偉大的老師知道。真正偉大的老師不在乎你相不相信他的教導。他們呈現真相之後，便留你自己去發現屬於你的真相。亞當．哥普尼克（Adam Gopnik）在《穿越孩子的大門》（*Through the Children's Gate*）中，描述了精神導師和老師的相異之處，「精神導師先交付自己給我們，然後交付他的系統。老師則是先給了我們他的命題，接著便交還給我們自己。」

最偉大的老師了解，我們從哪來，定會影響我們往哪去。而過去那些未解的，在在影響了我們的現下。老師們知道，父母之於我們是重要的，無論他們是不是好的養育者。無可避免的，家庭的故事就是**我們**的故事。無論你喜不喜歡，它住在我們體內。

無論我們在心裡如何描繪家庭的故事，我們不可能放棄父母，或將他們逐出心門。他們在我們之中，而我們是他們的一部分——就算我們從未見過他們。拒絕父母，只會

讓我們遠離自己，並創造更多苦難。這兩位老師看見了，但我沒有。我的視盲既表現在生理上，同時也在心理上有所隱喻。而我才正要開始甦醒，主因是我和家裡仍存有無比的混亂。

多年來，我都很嚴格地評斷我的父母。相較於他們，我認為自己是更有能力的，也遠比他們更敏感、更人性化。我為了生命中所有令我感到挫折的事而怨懟他們。現在，我要回到父母身邊，並重建自己丟失的部分：我的脆弱。我慢慢了解我之所以有能力被愛，是連結到我有能力承接母親對我付出的愛。

不過，要吸納她的愛並不容易。我和母親的連結發生過斷裂，當她攬著我，我便感覺自己像受困於捕熊的陷阱中。我的身體會不自覺收緊，像一只堅硬的殼以抵禦她的入侵。這個傷口影響了我人生的每一個層面，尤其讓我無法在關係中敞開心胸。

我和母親可以幾個月不講話。當我們說話時，我會找個方法忽略她向我傳遞的溫暖感受，無論是透過語言或是武裝起來的身體語言。我表現冷淡且疏離。另一方面，我指控她看不到我也聽不到我。那是情感上的死胡同。

我決心要治療和母親的傷口，於是訂了回匹茲堡（Pittsburgh）的機票。我已經好幾個月沒見她，當我走上家門口的車道，我能感覺自己的胸膛在收緊。我不知道我們的關係能不能修補，太多傷痛的感受還在我心深處。我為最糟的狀況做準備，開始在心裡

演練見面時的場景：她會抱我，雖然我想在她懷裡變得柔軟，但我知道我只會做完全相反的反應，就是變得像剛鐵一樣堅硬。

而那差不多就是實際發生的事。被緊擁在我幾乎無法承受的懷抱裡，我無法呼吸，但我仍請她繼續抱著我，我想了解自己身體的抗拒，從裡到外，哪裡收緊了，又是什麼樣的知覺浮現，我是如何停止運作的。這對我來說都不是新鮮事。我曾看見這樣的模式真實反映在我的關係裡。只有這次，我沒有離開，我的計畫是從根源去治癒這個傷口。

她抱著我愈久，我愈想著自己要爆炸了。那是身體上的痛苦，這份痛苦混合著麻木，麻木又結合著痛苦。接著，過幾分鐘，有什麼變鬆了。我的胸膛和腹部開始顫抖，我開始軟化，接下來的幾個星期，我持續變得更加柔軟。

這段時間內的許多次談話中，有一回，她不經意說出了一件我小時候發生的事。我的母親曾因為膽囊手術住院三星期，而這個事件的揭露，讓我得以拼湊出我內在發生的事。在我不足兩歲，也就是和母親分離那時，有一個無意識的收緊歷程在我身體某處生根。當她回家，我不再信賴她的照顧。我不再讓自己有機會被她傷害，於是我推開她，且在接下來的三十年內都持續這麼做。

另一件事也可能造成我一直以來恐懼的原因之一，那是害怕人生會突然被毀滅。母親告訴我，她在生我的時候經歷很嚴重的分娩困難，困難到醫生決定用產鉗協助生產。

因為這個過程，我出生時帶著嚴重的瘀青，還有部分頭骨塌陷，這在產鉗分娩的生產過程中很常見。我母親帶著後悔的語氣說，我剛出生的樣子甚至讓她在第一時間無法抱著我。她說的故事都互相呼應，而且有助於解釋那種我打從心底升起被毀滅的感受。確切來說，出生時的創傷記憶潛伏在我體內，並且在每次我「生產」出一個新計畫或向大眾呈現新作品的時刻，就重新浮現。僅僅是知道這點，便使我我平靜下來，並且意外地讓我們更靠近彼此。

我除了修復和母親的聯繫，我和父親的關係同時也開始重建。自從我十三歲他們離婚後，我父親就獨自住在一間搖搖欲墜的小屋裡，而身為退休的海軍中士和建築工人，他卻從未想過重新裝修這間房子。老舊的工具、螺絲起子、螺絲、鐵釘、大捆的電線和管線膠帶散布在房間和走道上，好像它們一直都在那裡一樣。我們彷彿站在一片生鏽的鋼鐵海上，我告訴他我有多思念他。這些話似乎蒸散在空無一物的空間裡，他不曉得要拿這些話怎麼辦。

我一直渴望能與父親建立親密的關係，但直至目前我們都不知該如何著手。這次，我們只是繼續說著話。我告訴他我愛他，且他是個好父親，我和他分享了我的記憶，關於小時候他為我做的事。我能感覺到他在聽，即使他的反應無論是聳肩或轉換話題都像沒在聽一樣。光是分享記憶和談話就花了好幾週的時間。有一天我們在吃午餐，他直視

我的眼睛然後說：「我不覺得你曾經愛過我。」我無法呼吸。強烈的痛苦清晰流淌在我們之中，但那個時刻有什麼東西被打壞，因而打開了。是我們的心。有時候，心必須先被打碎才能打開，而我們終於開始向對方表達彼此的愛。至此，我才能看見，相信老師們的話進而回家，和父母修復關係所產生的影響。

記憶中，我第一次能夠接受父母的愛和照顧，雖然不是我曾經期待的，卻是他們能夠給予的。我的內在有什麼東西打開了。其實也無關乎他們能不能愛我，而是關於我能不能接受他們的給予。他們一直都只是原本的那個人，是我不同了。我又重新和他們相愛了，這定是當我還是嬰兒且和母親的連結尚未斷裂之前的感受。

我早年和母親的分離，伴隨著我從家庭歷史承襲來相似的創傷——精確來說，事實上，我的祖父母和外祖父母當中，有三個人在幼時喪母，另一位不僅在嬰孩時期失去父親，他母親的注意力也沉溺於哀慟之中——相輔相成地冶煉了我對於恐懼的祕密語言。這些字眼：孤單、無助和毀滅，以及這些詞語相伴而來的感受，此時才終於失去了領我走上歧途的力量。我被賦予了新的生命，而我和父母重新建立的關係佔據了其中很大一部分。

之後的幾個月，我和母親又重新建立了更柔軟的聯繫。她的愛，我曾經感覺既具侵略性又尖銳，現在卻覺得撫慰人心並具修復能量。我也幸運地在父親過世前，和他享有

十六年的親密時光。當失智症完全掌控他最後四年的生命，父親教給了我此生最重要的一堂課，就是關於脆弱和愛。概括說來，我們在超越思考、超越心靈的那處相遇了，那裡只住著深深的愛。

旅途中，我遇到很多卓越的老師。當我往回看，是因為我的眼睛——我那焦慮、讓我陷入困境、製造恐懼的眼睛——帶我繞了半個地球又回到父母身邊，穿過家族創傷的沼澤，最終回到自己的心。我的眼睛，毫無疑問是我最好的老師。

這趟路上，在某個點，我甚至不再思考或擔心眼睛是否會好轉或變糟。我不再期待能再次看清楚了。不知什麼原因，看不看得見不再重要。之後不久，我的視力回復了，在我甚至不期待或不需要的時候。無論眼睛狀況如何，我已學會如何自處。

我現在的視力是一．〇，連眼科醫師都信誓旦旦對我說，你的視網膜上明明有疤，不該看得這麼清楚。但他只是搖搖頭，並假設，我看得清楚是光訊號不知如何反射經過位於視網膜中心點的中央窩（fovea）的緣故。像所有其他關於痊癒和轉化的故事，那原先看起來是厄運的際遇，實際上都是感激偽裝而成的。諷刺的是，我跑到地球那端的角落裡仔細搜索答案，才發現能為治癒提供最富足資源的，其實已存在我自己的內心，等待被挖掘。

最終，治癒只能是內在的工程。我感謝那些老師們帶我回到父母身邊、回到我自己

的家。在發現家族歷史故事的過程中，終於帶給了我平靜。因為感激，也因為這份新獲得的自由感，幫助其他人發掘屬於他們的自由，就這樣成了我的任務。

我是透過語言進入心理學世界的。無論是當學生或是臨床醫師，我對行為的測驗、理論或模型都沒什麼興趣，但我聽得見語言。我發展傾聽技巧，並教導自己去聽，看看在抱怨背後，埋藏在老故事之下，人們真正說了什麼。我幫助他們，認出特定幾個能追溯至痛苦根源的字。雖然有些理論，假設人在受創經驗之後會丟失特定語言，我卻在第一手的現場，一次又一次看到這些語言從未遺落，它們只是遊蕩在潛意識的國度，等待被揭露。

對我來說，以語言作為治療的強大工具並不是意外。自有記憶以來，語言就是我的老師，語言是我用來組織並了解世界的方式。我從青少年時期開始寫詩，我會為了那陣澎湃、那個堅持要迸出的急切詞語而放下一切（好啦，幾乎是一切）。我知道這份降伏的另一側，是若非如此我將永不得知的見解。在我的自身歷程中，標定孤單、無助和破敗這些字眼至關重要。

在很多方面，自創傷經驗中痊癒和寫詩是類似的。兩者都需要對的時間點、對的詞

語，和對的圖像。當這些元素對上，某些有意義的東西就已處於能動位置，而能在身體裡被感知。要療傷，我們的節奏必須要調和。如果太快到達某一圖像，這幅圖像很可能無法生根；如果安慰自己的詞語來得太早，我們可能無法吸納；如果詞語不精確，我們可能完全無法聽見，遑論產生共鳴了。

在我執業的課堂中，我有時是老師，有時是工作坊的領導者，結合我在繼承性家族創傷中所受的訓練，並因此發展出的，富有洞察力的方法，加上對於語言所扮演關鍵角色的知識，我稱為「核心語言方法」（core language approach）。利用特定的問題，我協助別人發現讓他們深陷身體和情緒症狀背後的根本原因，揭露正確的語言並不只會顯露出創傷，同時也會展現出治癒需要的工具和圖像。使用這個方法，我親眼見到根深柢固的憂鬱、焦慮、空虛，在瞬間的頓悟中發生了轉變。

乘載這趟旅程的是語言，那被埋葬的，關於擔心和害怕的語言。這些語言有可能終其一生都住在我們裡面，其源頭有可能是我們父母，或甚至可追溯至祖父母以上好幾代。這些核心語言終究要被聽見。若我們追隨著聲音並聽見那個故事，便有能力驅散最深層的恐懼。

這個過程中，我們有可能會遇上已識或未知的家庭成員，有的已過世很多年，有的甚至不是親屬。但他們所受的苦或遭受的殘酷對待，有可能會改變家庭命運的經歷。我

們甚至可能揭露一或兩個故事裡的祕密，即便那故事早已靜默入土。但無論這些發現會帶我們前往何處，我的經驗告訴我，我們終究會去到生命中新的一處，感覺到身體裡更盛的自由感，並更有能力和自己共處。

本書中，我描繪了在工作坊、執業訓練和單獨治療所接觸到的病人故事。這些個案的細節皆為真實，但為保護隱私，我更動了案主的名字以及可辨識的特徵。我衷心感謝他們願意和我分享關於他們恐懼的祕密語言，感謝他們信任我，允許我聽見藏在那詞語之下的必要之物。

第一部

家族創傷的網

第一章

遺失和尋回的創傷

過去從未死去，它甚至還未離開。

——威廉．福克納（William Faulkner），《修女安魂曲》（*Requiem for a Nun*）

創傷最容易被記錄下的特徵，對多數人來說都很熟悉，那是沒有能力去描述在自己身上發生的事。我們不只是失去了描述的語言，連記憶都像是出了問題。創傷事件中，我們的思考歷程可能散亂且無條理，以致於不再能指認這些記憶所隸屬的原始事件。取而代之的，記憶的碎片散落成圖像、身體知覺和詞語，儲存在我們意識不及之處，在往後因為一件微小的事勾起原始經驗的記憶而啟動。一旦它們被啟動，就像壓下了看不見的倒帶按鈕，使我們在日常生活中重現原始創傷的面貌。無意識地，我們發現自己對特定的人、事件或情況，會用舊有的、熟悉的，和過去相呼應的方式應對。

西格蒙德．佛洛伊德（Sigmund Freud）在一百多年前就發現了這個模式。創傷重現，或如佛洛伊德說的「強迫性重複」（repetition compulsion），是潛意識嘗試重演那些未解的事，如此我們才能「修正它」。當過去的家庭在後代中重複未解的創傷，這其中一個可能正在運作的機制，便是那無意識的驅力在釋放過去已逝的事件。

和佛洛伊德同時代的卡爾．榮格，也相信留在潛意識的東西不會消失，而會在人生中如同命運或際遇再次浮現。他說，不會被意識到的，無論是什麼都會被經驗成命運。換句話說，我們很有可能重複自己的無意識模式，直到我們將其揭示在覺察之下。佛洛伊德和榮格都指出了，只要是太困難而無法處理的東西，無論是什麼，都不會自己消散，反之，它們儲存在潛意識中。

佛洛伊德和榮格都各自在病人身上觀察到，那些過去被阻擋的、被壓抑的、被抑制的生活經驗片段，會藉由語言、姿勢和行為顯現出來。往後的幾十年，治療師會在說溜嘴現象（slips of the tongue）、事故的模式，或是夢境圖像裡看見線索，並視其為揭露病人生活中那些不能言說，或無法思及之處的訊息傳遞者。

最近在腦造影技術的進展，讓研究者能理解發生重大事件時所不能正常運作或停擺的大腦和身體功能。荷蘭的精神科醫師巴塞爾．范德考克（Bessel van der Kolk）以創傷後壓力的研究聞名。他解釋，受創時不僅語言中心會關閉，大腦中負責經驗當下的內

側前額葉皮質（medial prefrontal cortex）也會停止運作[2]。他將創傷帶來的無言的恐懼描述為一種「失語症」（loss for words）的體驗，大腦的記憶迴路在受威脅或感到危險時會受阻礙，這種情形很常見。「當人們釋放創傷經驗，」他說，「額葉便會受損，結果是無法好好思考和說話。無論是對自己或對他人，這些具受創經驗的人不再有能力確切溝通發生了什麼事。」

不過，這一切都不是無聲的：字詞、影像和衝動，這些跟隨著創傷事件的碎片，會重組成一套我們隨身攜帶著的，關於自我受苦的祕密語言。沒有什麼遺失了，那些碎片只是重設了路徑。

目前在心理治療領域漸漸形成的共識，認為不能只看個人的創傷經歷，更應探索家族和其互動歷史中的創傷事件。不幸的事件在形態和強度上各有不同，如遺棄、自殺、戰爭，或早逝的孩子、父母或手足，都會從上一代傳遞悲傷的衝擊波奔流至下一代。現今的細胞生物學、神經科學、表觀遺傳學和發展心理學都強調，為了理解在創傷模式背後的機制和重複的苦痛，至少研究三代的家族歷史是重要的。

接下來的故事，提供了栩栩如生的案例。我第一次遇到傑斯，他無法整夜安眠的症

2 譯註：準確來說，內側前額葉皮質並不會「停止運作」，是運作的活化程度變低。此區域和杏仁核與創傷後壓力症候群的相互關係，仍需靠更多研究，才能得知其扮演的角色。

狀已超過一年。從顯現在眼睛周圍的暗影之中，看得出他的失眠有多嚴重，但他空洞的視線暗示著更深層的故事。傑斯只有二十歲，看起來卻比實際年齡老上十歲。他深深陷入沙發的樣子，像是他的腳再也無法承受身體的重量。

傑斯解釋著，他原本是體育明星，更是成績優異的學生，但他持續的失眠症狀卻啟動了憂鬱和絕望的漩渦。結果是他必須自大學休學，並放棄他努力爭取來的棒球獎學金。他拚命向外求援，希望讓生活回到原本軌道。過去一年中，他已經看了三個不同的醫生、兩個心理學家、一個睡眠臨床醫師、一個自然療法醫師。他用平淡的語調訴說著，沒有人能提供任何實質的見解和幫助。傑斯分享故事時，多半時間都直愣愣地盯著地板瞧，說著自己一籌莫展了。

我問傑斯能否想到任何可能引發他失眠的事情，傑斯搖頭，在這之前他一向是沾枕即眠。那時傑斯剛過十九歲生日，有一晚他突然在半夜三點半驚醒。他凍著、發抖著，不論他嘗試做什麼都暖和不起來。三個小時過後，即使添了很多床毯子，他仍然非常清醒。他不只覺得既冷又疲累，他被一陣從未經歷過的、很奇特的恐懼所擄獲：他害怕如果讓自己睡著，會發生什麼可怕的事。**如果我讓自己睡著，我將再也醒不來**。一旦他發現自己的意識游移快要入眠，那陣恐懼就把他推回清醒狀態。隔天晚上這個模式又重複，並夜夜持續著。很快地，失眠變成了每夜的煎熬。傑斯知道他的害怕是不理性的，

但不知如何終止這個模式。

我仔細聽傑斯說話。有個細節很不尋常，他說他那時覺得極度寒冷，傑斯用「凍著」這個詞描述第一次失眠之前的感覺。我開始和傑斯一同探索這件事。我問他，在他父母親的家族中，是否有創傷事件和**凍著**，或和**睡著**，或和**十九歲**有關。

傑斯告訴我，他母親最近才對他說出一件意外死亡事件，發生在他父親的哥哥身上，那是一位他從不曉得曾經存於世上的伯父。柯林伯父在發生意外時只有十九歲，他前往加拿大西北地區的黃刀鎮北邊檢查電線，受困在一場暴風雪中失溫而死。雪地中殘留的痕跡，顯示他在死去前曾奮力掙扎。最終，他被發現時面朝雪地，因體溫過低失去意識。這件意外死亡讓家族成員太悲痛，此後他的名字不再被提起。

三十年後，傑斯無意間重現了柯林伯父的死亡，準確說來，是害怕失去意識。對柯林而言，放開意識便意味著死亡。對傑斯而言，將要墜入沉睡之際即是相似感受。

這一連結過去之舉，是傑斯的轉捩點。他一旦知道了這失眠的起源是三十年前發生的某個事件，便終於能解釋自己對於睡著的恐懼從何而來。療程從此開始，透過學習我們發展出的方法（接著書裡會詳述），傑斯能夠理清過去，不再無意識承受那未曾謀面的伯父在創傷中的恐懼。傑斯不僅感覺自己走出了失眠的濃霧，也更深一層認知到，自己的現在和過去，如何與家庭連結著。

科學家現在已標定出一些生物記號，嘗試解釋類似傑斯所經歷的故事，顯示創傷能夠也的確會從上一代傳遞至下一代。瑞秋・耶胡達（Rachel Yehuda）是世界首屈一指研究創傷後壓力症候群的精神病學與神經科學教授，是這一領域開疆拓土的先驅，任教於紐約西奈山醫學院（Mount Sinai School of Medicine）。耶胡達在為數眾多的研究中，仔細檢視了猶太人大屠殺（Holocaust）倖存者和其後代罹患創傷後壓力症候群的神經生物學基礎。特別是她在皮質醇（cortisol，一種在創傷後會幫助身體回到常軌的壓力荷爾蒙）上的研究，以及皮質醇對大腦功能的影響，讓世人對創傷後壓力症候群的了解和治療產生了革命性劇變。（罹患創傷後壓力症候群的人，會重拾創傷發生時的感受和感官知覺，即使那都發生在過去。症狀包括憂鬱、焦慮、麻木、失眠、做惡夢、有可怕的想法，容易受驚嚇或煩躁不安。）

耶胡達和她的團隊發現，猶太人大屠殺倖存者的孩子在出生時，和其父母一樣皮質醇含量較低，讓他們容易重複經歷上一代創傷後壓力症候群的症狀。耶胡達發現人在經歷劇烈創傷事件後皮質醇會降低，這和長久以來學界認為壓力與高含量皮質醇有關的看法相左。精確來說，慢性創傷後壓力症候群的例子中，皮質醇的分泌會被抑制，致使倖存者和其後代的皮質醇含量過低。

耶胡達在退伍軍人的血液中發現低含量的皮質醇，因紐約世貿中心攻擊事件而

罹患創傷後壓力症候群的懷孕婦女和後來出生的孩子身上，也發現類似的結果。她的研究中，不只是倖存者皮質醇含量較低，這個現象也會遺留至後代。她同時注意到其他壓力相關的精神疾病，包括創傷後壓力症候群、慢性疼痛症候群（chronic pain syndrome）、慢性疲勞症候群（chronic fatigue syndrome），都和血液中低含量的皮質醇有關。有趣的是，百分之五十到七十的創傷後壓力症候群病人也同時符合重鬱症，或其他情緒與焦慮疾病的診斷標準。

耶胡達的研究顯示了，如果我們的父母曾罹患此症，你我將有三倍高的可能性，會經驗某些創傷後壓力症候群的症狀。若是這樣，我們也很可能受憂鬱症或焦慮症之苦。她相信這類代代相傳的創傷後壓力症候群是繼承來的，這些症狀的出現，並非僅因為後代暴露在父母親創傷後的苦痛之中。耶胡達是首批研究者之一，指出創傷倖存者的後代，是如何繼承上一代受創的身體病症和情緒症狀，即使他們從未直接經歷創傷事件。

葛雷琴的例子即是如此。經過數年服用抗鬱劑、參加談話與團體治療，並嘗試各種認知療法以減輕壓力的影響，她的憂鬱和焦慮症狀未有任何改變。

葛雷琴告訴我，她不想活了。她的記憶所及之處，都是自己苦苦掙扎於那在身體裡奔流著的，幾乎承受不了的強烈情緒。葛雷琴被診斷為躁鬱症且伴隨嚴重的焦慮症狀，數次進出精神療養院。藥物治療的確稍稍緩和了她的症狀，卻從未能碰觸到和她共生的

那股強大的自殺衝動。青少年時期，她會用燒灼的菸屁股燙傷自己。現已三十九歲，葛雷琴覺得夠了。她說，憂鬱和焦慮症讓她無法結婚、生養孩子。接著她用出人意料的平淡語氣對我說，她正計畫在下一次生日前結束生命。

聽著葛雷琴說話，我深深感覺到她的故事裡必定有什麼嚴重的家族創傷。這樣的例子中，要能夠找到埋藏在那些症狀裡的家族創傷經歷，必須仔細聆聽案主說出的每個字以尋找線索。

我問她，她計畫要怎麼結束生命呢？葛雷琴說，她要讓自己「蒸散」（vaporized）。我相信大部分人對這個說法都一頭霧水，但她的意思就如字面上所示，她計畫要跳進她哥哥工作的煉鋼廠中熔融的鋼鐵爐裡。「我的身體在幾秒內就會焚燒成灰燼，」她直直盯著我的眼睛說：「速度快到我都還碰不到爐底。」

她毫無情緒的說話態度衝擊著我。無論那底下的情緒是什麼，都一定埋藏得更深。同一時間，**蒸散**和**焚燒**這兩個詞語讓我緊張不安。但我曾經治療過受猶太人大屠殺影響的家庭，從那些倖存者的孩子與孫子身上，我學到要讓他們說的話導引我。我請葛雷琴再多說一些。

我問她，她的家族裡有沒有任何成員是猶太人或曾被捲入大屠殺的事件中。葛雷琴剛開始回答沒有，接著停頓了一下，便回憶起她祖母的故事。她的祖母出生於波蘭的猶

太家庭，但一九四六年來到美國之後，便改信天主教並嫁給她祖父。在那之前的兩年前，她祖母的整個家庭全數喪生於奧許維茲（Auschwitz）的焚化爐中。他們確實是死於瓦斯毒氣——被有毒的蒸氣席捲——並化成灰燼。葛雷琴的家庭中，沒有一人曾經和她祖母談及那場戰爭，以及她祖母的手足與父母。相反的，就像其他同是極度創傷的例子，所有人都絕口不提過去發生的事。

葛雷琴知道一些自己的家族歷史，但從未把那些事和自己的焦慮與憂鬱症狀連結起來。這對我來說卻很明確，她使用的詞語和她描述的感覺，並非源自葛雷琴自己，事實上，是源自於她祖母和她祖母那些喪失生命的家庭成員。

葛雷琴全神貫注聽我解釋那其中關連。她睜大眼睛，臉頰泛起玫瑰色的紅暈。我知道我說的話起了共鳴。第一次，葛雷琴可以合理解釋自己經歷的苦難。

為了幫助她更深入了解，我邀請她穿上她祖母的鞋子[3]，那是 雙我擺在辦公室中央地毯上的海綿橡膠腳印。我先請她想像她祖母失去所有摯愛家人的感受，再進一步，我請她真的站上那雙腳印，把自己**當作祖母**，並在**自己的**身體裡感受她祖母的感覺。葛雷琴說，她知覺到難以抵擋的失落、悲慟、孤單無伴與孤立一人。她同時經驗到常見於

3 譯註：「穿上某人的鞋」為英文常用俚語，意即站在某人立場想事情。作者表達的，便是藉由實際站在鞋墊上，而去重拾某人的感受。

倖存者身上那深重的罪惡感，因為摯愛都被殺死，自己卻還活著。

親身經驗那潛藏在身體裡的感受和知覺，通常有助於案主處理創傷。當葛雷琴能夠碰觸到這些知覺，她了解她想要摧毀自己的欲望，實際上和那些已逝的家庭成員重重纏繞著。她也了解自己繼承了她祖母意欲結束生命的某些部分。一旦葛雷琴消化了這些家族歷史、用嶄新的眼光看待，她的身體變得柔軟，好似她身體裡長期蜷曲的部分已然鬆開了。

如同傑斯的故事，葛雷琴發現自己的創傷實際上是埋藏在不能言說的家族故事中，而這僅僅是她痊癒的第一步。若只有在理智上理解，並不足以產生長久的轉變。通常，這份覺察必須和深自肺腑的感覺經驗共同發生。我們接下來會進一步探究各種方法，讓治癒全然完整，藉此，最終能釋放過去幾代的家族傷痕。

意外的家族繼承

某個男孩可能遺傳了祖父的長腿，另一個女孩可能遺傳母親的鼻子，但傑斯繼承了伯父永遠醒不來的恐懼，而葛雷琴的憂鬱症則乘載著家族的猶太人大屠殺歷史。在這些例子裡沉睡的，是太過龐大而無法於同代消解的創傷片段。

當我們的家族成員曾經歷無法承受的創傷，或受苦於強烈的罪惡感或悲慟，這些感受可能排山倒海而來，以致超過了他們能處理或解決的程度。當悲慟太過深刻，趨避痛苦便是人類天性。但是當我們阻斷感受，便無意間阻礙了必要的療癒過程，而這個過程可以引領我們自然地得到釋放。

有時候痛苦會先沉潛，直到它能找到表達或消解的途徑。這類表達通常會藉由難以解釋的症狀在後代身上再次浮現。對傑斯來說，那不可抑制的寒冷與顫抖一直沒有發作，直到他的年齡和柯林伯父失溫而死的年齡相符。對葛雷琴來說，那讓人絕望的焦慮和自殺傾向，則是自她有記憶以來便揮之不去。這些感受幾乎成為她生命的一部分，沒有人曾認真思考過這樣的感受根本不源自於葛雷琴。

現今社會並未提供足夠的選項，以幫助像傑斯或葛雷琴這樣殘留著繼承性家族創傷的案例。一般來說，他們可能會向醫師、心理學家或精神醫師諮詢，並且接受藥物或心理治療，或兩者皆有。雖然這類管道可能緩和症狀，卻無法提供完整的解決之道。

並非我們所有人都像傑斯或葛雷琴一樣，背負如此驚心動魄的家族創傷歷史。然而，像是父母親其中一人過世，一個被送走的孩子，或是失去家，或甚至母親不再付出關愛，都可能會使支撐的結構崩塌，並限制了家庭裡愛的流動。直到這些創傷被看見了，才可能真正安葬那長期存在的家族模式。必須提醒的是，並非所有創傷的影響都是

負面的。下一章，我們會學到表觀遺傳的改變——那因為創傷事件而在我們細胞裡發生的化學變化。

根據耶胡達的說法，表觀遺傳改變的目的是要擴展我們回應壓力事件的方式，而這是正面的事情。「你會想和誰一起待在戰場上？」她問，「是想要和曾經經歷不幸事件（並且）知道如何保護自己的人？還是某些從未為任何事情戰鬥的人？」一旦我們知道為什麼壓力和創傷會產生如此的生物性改變，「我們便能發展出更好的方法向自己解釋，什麼才是我們真正的能耐和潛力。」

從這樣的角度看來，我們繼承來的創傷或第一手的經驗，不只是創造了壓力的遺留物，同時也為後代打造了他們能感受到的，那傳承下來的力量和復原力。

第二章

共享家族歷史的三個世代：家族團體

我強烈感覺自己受著某些事情和問題的影響，那是因為我的父母、祖父母或更久遠前，祖先未完成或未解答而遺留下來的。這通常看起來像是家族中非關個人、自父母傳給下一代的業障。對我來說，總像是我需要去完成它，又或者繼續著前幾代尚未結束的事情。

——卡爾·榮格，《回憶·夢·省思》（*Memories, Dreams, Reflections*）

你和家族共享的歷史，早在你被懷上之前就開始了。當你還是顆未受精的卵子，就和你的母親及外祖母共享細胞環境。當你外祖母懷著你的母親約五個月，會發展成你的這顆卵子，其前體細胞（precursor）就已經存在你母親的卵巢中。

這表示甚至在你母親出生之前，你的母親、外祖母，以及將會成為你的初期蹤跡都存在在同一個身體裡，意即三個世代共享著相同的生物環境。這並不是太新穎的概念，胚胎學（embryology）教科書在過去一世紀以來已盡可能地詳述。你的起源同樣也可追溯自父親的親緣線，將來會發展成你的精子，其前體細胞在你父親還是他母親子宮中的

胚胎時就存在了。

從耶胡達和其他人的研究，我們知道下一代是如何繼承前代的壓力。於是我們始能細究你的祖父母輩所經歷的創傷，其遺留物是怎麼傳遞下去而影響深遠。

然而，卵子和精子的發展有著生物學上的顯著相異之處。你父親的精子數量在到達青春期後會持續增加，而你母親在一出生時就擁有這一生需要的卵子數量。一旦她的卵子細胞在你外祖母的子宮內成形，其細胞株（cell line）就停止分裂。於是在未來的十二年至四十年間，這其中一顆卵子會結合你父親的精子而成為受精卵，最後發展成你現在的樣子。科學發現，無論是你父親的精子細胞，或母親卵子的前體細胞，都可能受事件的銘印而有機會影響接續的世代。你父親的精子在青春期及其後的成人時期都持續發展，以致容易受著創傷銘印的影響，直到最終發展成會變成你的受精卵。當我們接著看現有的研究成果，便會發現其可能產生的影響甚鉅。

細胞生物學

科學家原本認為，父母的基因鍛製了創生我們的藍圖，它提供了足量的引導與營養，讓我們全然依據這個藍圖發展。但現在已知，基因藍圖只是起點，自受孕開始，我

們便在情緒上、心理上、生物上被環境影響，這個形塑過程終其一生都持續著。

布魯斯・立普敦（Bruce Lipton）為細胞生物學界的先驅，他發現ＤＮＡ（去氧核醣核酸）[4]會受我們正面和負面的想法、信念和情緒影響。立普敦博士是醫學院教授和科學研究者，他花了數十年研究細胞接收和處理訊息的機制。他在一九八七年到一九九二年間是史丹佛（Stanford）的研究學者，他的研究顯示，環境訊號會穿透細胞膜而運作，以控制細胞的生理機制與行為，回頭讓基因啟動或沉寂。他的想法和發現曾被認為太具爭議，而後逐漸受到很多研究者支持。透過他在動物和人類細胞上的研究，我們得以了解細胞記憶是如何從母親的子宮移轉至未出生的胎兒身上。

依照立普敦的說法，「母親的情緒，如害怕、恐懼、愛、希望等等，會在生物化學的層次上改變後代的基因表現。」懷孕期間，母親血液中的營養穿越胎盤壁，滋育了胎兒。透過血液，不僅傳遞營養，也傳遞了母親由於情緒經驗所釋放的大量荷爾蒙和資訊訊號。這些化學訊號，會活化細胞中特定的蛋白質受器，啟動母親身體中一系列的生理、新陳代謝和行為改變，這些改變同時會發生在胎兒身上。

母親長期或重複的情緒，像是生氣或恐懼，很可能會銘印於胎兒，在基礎上讓胎兒

4 譯註：由去氧核醣和磷酸組成，具雙股結構，是細胞中攜帶遺傳基因的生物大分子。

做好預備或「預先設定」他適應環境的能力。立普敦解釋道，「當壓力荷爾蒙穿過（人類）胎盤……會使胎兒內臟中的血管更形收縮、更多血液流向周邊，讓胎兒為了作戰或逃跑的行為反應做預備。」這麼說來，孩子在子宮環境中所經驗到的壓力，讓他對相似的壓力情況更有反應。

現有許多研究，記錄下懷孕婦女的壓力反應，即使是在最初三個月，都可能影響孩子。其中一項研究發表在二〇一〇年的《生物精神醫學》（*Biological Psychiatry*）期刊，檢視產前壓力及其影響嬰兒神經發展的關係。研究者抽取了一百二十五位懷孕母親的羊水，測量其中調節壓力的荷爾蒙皮質醇，以判定她們的壓力程度。研究發現，即使非常前期如受孕後的第十七週，若孩子在子宮中暴露於較高含量的皮質醇，在他們出生後十七個月大再次評估，都顯示其認知發展有受損的跡象。

《培育未出生的孩子：撫慰、鼓勵並和孩子溝通的九月計畫》（*Nurturing the Unborn Child: A Nine-Month Program for Soothing, Stimulating, and communicating with your Baby*）[5]的作者為精神病學家湯瑪士・凡尼（Thomas Verny），他說：「若懷孕的母親經歷急性或長期的壓力，她的身體會產生壓力荷爾蒙（如腎上腺素和去甲正腎上腺素）[6]在血液裡穿梭直至子宮，在未出生孩子的血液裡也創造出一樣的壓力狀態。」凡尼還說：「我們的研究顯示，在極度且持續的壓力下，懷孕婦女容易早產，且新生兒的

平均體重比較輕，容易亢奮、暴躁和腹絞痛。極端的狀況，嬰兒出生時可能會被發現拇指已被吸吮受傷，甚至有潰瘍。」

立普敦強調他稱為有意識地教養的重要性，意即覺察自懷孕前至分娩後的教養，孩子的健康和發展，可能大幅度地被父母的想法、態度和行為所影響。「不想生小孩的父母，或是不停擔心自己、擔心子女生存的機會，持續遭受身體或情緒虐待的懷孕婦女，以上這些圍繞在孩子出生時的負面環境線索，都可能遺留給後代子女。」

當我們知道情緒可透過生理傳遞，而祖孫三代皆共享子宮中相似的生理環境，想像以下腳本：在你母親出生前的一個月，你的外祖母接獲惡耗，她的丈夫在一起意外中喪生。因為新生兒即將臨盆，受限於未能好好哀悼逝者的情況，你的外祖母很可能將情緒深深埋在身體裡，這副她和女兒與孫兒共享的身體。

在這個共享的環境中，壓力可能會改變ＤＮＡ。下一部分，我們將回顧，家族歷史中的創傷會如何影響基因表現。

5　譯註：本書曾於臺灣出版，書名為《孕媽咪26個優生胎教法》，已絕版。
6　譯註：adrenaline 和 noradrenaline，皆為荷爾蒙和神經傳導物質，前者主要為增強心肌收縮，後者會增加血管收縮。

表觀遺傳學

布魯斯．立普敦在細胞記憶上的研究，不僅領先且支持表觀遺傳學的新興範疇：基因功能中可遺傳的改變，不需要透過DNA序列的改變即可發生。剛開始，人們相信基因性遺傳只能透過父母親的染色體DNA傳遞。現今，科學家更了解人類基因組之後，驚訝地發現染色體DNA（意即負責遺傳生理特徵如頭髮、眼睛和皮膚顏色的DNA）佔不到人體全部DNA的百分之二。剩餘百分之九十八的DNA是由非編碼DNA（noncoding DNA，簡稱ncDNA）所組成，負責的是其他許多情緒、行為和人格特質的遺傳。

科學家曾經稱非編碼DNA為「垃圾DNA」（junk DNA），認為它們大部分是無用的，但近來開始了解其重要性。有趣的是，有機體愈複雜，就會有愈高比例的非編碼DNA，而人類即是具最高比例的物種。

非編碼DNA會被環境的壓力源影響，諸如毒素或不適當的營養狀況，同時像是壓力的情緒。受影響的DNA會傳遞資訊，以協助我們為離開子宮的生活做準備，確保我們具有某些必要特質以適應環境。根據耶胡達的說法，表觀遺傳的改變，是在生理上先

預備好，讓我們得以應付父母親所經歷的創傷。為了相似的壓力源而準備，我們在出生時便具備了一組特殊技能以求生存。

一方面，這是好消息。我們生來所內建的技能配備，耶胡達稱之為「環境的抗壓性」，使我們能夠適應具壓力的情境。另一方面，這些遺傳來的適應性也可能有害。舉例來說，若孩子雙親的其中一人小時候住在戰區，這個孩子可能就會遺傳了對突然的巨大噪音有即刻躲避的衝動。雖然這個直覺在炸彈威脅的事件中具保護作用，可是這種強化的驚嚇反應會讓人在毫無危險時仍處於易過度反應的狀態。這樣的情況下，表觀遺傳為孩子所預備的便不適合實際環境。此種不適性可能讓他在之後的生活容易發展出壓力症候群或疾病。

這樣的適應性改變，源自於細胞內稱為表觀遺傳標籤的化學訊號，它會附著在ＤＮＡ上傳遞指令，讓某個特殊基因活化或沉寂。耶胡達說：「某些存在於外在環境的東西會影響內在環境，在被察覺之前，這個基因便以不同的方式運作了。」ＤＮＡ序列本身並未改變，但因為這些表觀遺傳標籤，ＤＮＡ的表現改變了。研究顯示，表觀遺傳標籤可以說明我們在往後的生活中如何調節壓力。

科學家曾以為精子和卵子的前體細胞在受精完成之後，在表觀遺傳訊息影響下一代之前，其受壓力之影響便會消失，好比刪除電腦硬碟中的資料。然而，科學家的研究現

已顯示，某些特定的表觀遺傳標籤其實會躲過這個重組過程，並傳遞至前體精卵細胞，在未來成為我們。

最常見的表觀遺傳標籤是DNA甲基化（DNA methylation），這個過程會讓蛋白質無法附著在基因上，進而抑制其表現。DNA甲基化能夠藉由將「有益的」或「無益的」基因鎖定成「關閉」的狀態，進而正向或負向地影響健康。當壓力源或創傷發生時，研究者觀察到DNA甲基化的不規則性，伴隨著對生理和情緒健康的考驗，將這一體質傳遞給下一代。

另外一項在基因調控中扮演重要角色的表觀遺傳機制，是一種小的非編碼RNA分子[7]，稱作微型RNA（micro RNA）。和DNA甲基化一樣，微型RNA中由壓力引發的不規則性，其程度會影響後代的基因表現。

眾多基因中，已知被影響的是CRF1（皮質釋素[8]的受體）和CRF2基因。在憂鬱症和焦慮症的病人身上發現，這些基因的表現程度增加，且CRF1和CRF2基因會遺傳自受壓力影響的母親，孩子與這些母親具有相似的增加程度。科學家已記錄到，其他許多基因也會被年幼時的創傷經驗影響。

「我們的研究顯示基因……會保存某些過去經驗的記憶，」劍橋大學的傑米・哈克特（Jamie Hackett）說。

由耶胡達在二〇〇五年執行的歷史性研究，讓人們意識到：壓力模式的確會從懷孕的母親身上轉移給孩子。九一一事件時，無論是在紐約世貿中心或在那附近，並在之後發展出創傷後壓力症候群的孕婦（在孕期的三至九個月），生下的孩子皮質醇含量都偏低。她們的孩子，對於新刺激的反應也展現出較高程度的焦躁。若皮質醇濃度降低，我們調節情緒和處理壓力的能力也會受影響。這些孩子也容易早產。耶胡達和其團隊認為，這個九一一的研究結果，主要源自於表觀遺傳的機制。他們發現九一一事件後，發展出創傷後壓力症候群的人相較於未發病者，有十六個基因表現異常。

耶胡達及其於紐約西奈山醫學院的團隊在二〇一五年八月發表於《生物精神醫學》的研究中，顯示了基因改變可從父母親傳遞給孩子。經歷過大屠殺創傷的猶太人和他們後來出生的孩子，在FKBP5這個基因，與壓力調節有關的特定區域中有著相似的基因模式。確切來說，研究者在父母和孩子這個基因上的特定部分都找到了表觀遺傳標籤。相較於戰時生活在歐洲以外區域的猶太家庭，研究者判斷這些孩子的基因改變，可

7 譯註：DNA的遺傳訊息會轉錄成RNA，其為由核糖和磷酸構成的單股長鏈狀分子，是攜帶遺傳物質的中間載體。

8 譯註：Corticotropin-releasing hormone receptor，簡稱CRH，又譯為促腎上腺皮質激素釋放激素，由大腦中的下視丘分泌，現已知與睡眠、憂鬱、壓力等機制有關。

肇因於他們父母所經歷的創傷。

現今已有相當多的研究顯示，父母親的創傷經驗，會影響孩子的基因表現和受壓模式。一篇二〇一四年二月發表在《美國醫學會期刊：精神醫學》（*JAMA Psychiatry*）名為〈憂鬱的表觀遺傳機制〉（Epigenetic Mechanisms of Depression）的文章中，艾立克．內斯特勒（Eric Nestler）博士寫道，「的確，讓人有壓力的生活事件，已知會改變接續世代的壓力感受性。」因九一一事件罹患創傷後壓力症候群的孕婦，其後出生的孩子除了皮質醇含量偏低，也較容易受到噪音和不熟悉的人干擾。英國一項研究發現，若母親在懷孕期間患有焦慮症，孩童的情緒和行為問題都會加重。

「創傷有能力從過往伸出手來，索要新的受害者，」成癮症精神科醫師大衛．薩克（David Sack）在《今日心理學》（*Psychology Today*）中寫道，「患有創傷後壓力症候群的父母親生下的孩子，也會掙扎於相同疾病，稱作間接性創傷後壓力症候群（Secondary PTSD）。」他表示，若父母曾在伊拉克或阿富汗從軍，且罹患創傷後壓力症候群，有百分之三十的小孩也會和類似的徵狀搏鬥，「父母親的創傷，會演變成孩子的創傷，且孩子的行為和情緒問題會反映出父母的症狀。」舉例來說，紅色高棉大屠殺（Cambodian genocide）[9]倖存者的孩子，也易受憂鬱症和焦慮症所苦。類似的情況如參與越戰的澳洲退伍軍人，他們孩子的自殺比例比也一般人來得高。

美國原住民保留區的青年，在西半球是自殺率最高的一群人。和美國某些地方的青少年相比，自殺率要高上十到十九倍。艾伯特．班德（Albert Bender）是切羅基族（Cherokee）[10]的歷史學家暨律師，專攻美國原住民法。他認為「全部的原住民皆感受得到跨世代創傷，但是印地安青年感受尤其深刻，這個種族滅絕的歷史政策，其結果是無止境的大屠殺、強制滅族和軍事行動。直到十九世紀末，以傷膝河大屠殺[11]（Wounded Knee Massacre）告終。」他相信，世世代代的哀慟刺激了那些自殺案件。「這些記憶，在我們青年人的心靈中以不同形式迴盪著。」他報告著，年輕人上吊的比率高到「許多保留區若有一週無人自縊，那就是萬幸了」。

勒曼紐．李．畢左裔（LeManuel "Lee" Bitsoi）博士是在哈佛大學研究基因學的納瓦荷族（Navajo）研究員，他呼應了艾伯特的主張，認為這些年輕人的症狀，是在重現過去。他相信，表觀遺傳研究開始提供重要的證據，以顯示跨世代創傷是真實存在的

9 譯註：柬埔寨種族滅絕，指的是柬埔寨共產黨總書記波爾布特（Pol Pot）領導的紅色高棉共產主義政權在一九七五年至一九七九年期間對柬埔寨進行種族滅絕的事件，據估計造成一百五十萬至三百萬柬埔寨人死亡。

10 譯註：切羅基族是居住在美國東南林地（Southeastern Woodland）的原住民族。

11 譯註：一八八九年，在美國南達科拉州（State of South Dakota）所發生的白人屠殺拉科塔族人（Lakota）事件，約三百名包括婦女和小孩的拉科塔族人喪生。

現象。

美國的原住民青年，如同退伍軍人的孩子、猶太人大屠殺倖存者的孩子、紅色高棉大屠殺倖存者的孩子、世貿中心恐攻倖存者的孩子，都是現代世界中遭遇隔代創傷的最新受害者。必須注意的是，這個名單仍在增加。暴力、戰爭和壓迫，持續為世代重現的創傷播下種子，如同倖存者毫無所覺地讓自己的經歷傳遞給接續的世代。

舉例來說，在一九九四年之後出生於盧安達（Rwanda）的年輕人，因為年紀太小並未親眼見過將近八十萬人被冷血屠殺，卻和親身經歷事件但逃過一劫的人一樣，有著相似的創傷後壓力症狀。盧安達年輕人說感受到強烈的焦慮，並有強迫性視覺，好似看見那些在他們出生前發生的暴行。

「這個現象是預期會發生的……它不是經由口傳，是被傳遞下去的，」精神科醫師納森・穆泥安達穆沙（Naasson Munyandamutsa）博士說道。即使有些家庭未因暴力受害，但他們的孩子仍受相似的影響，精神科醫生魯塔卡耶拉・比左薩（Rutakayile Bizoza）稱之為「集體潛意識的傳染」。

耶胡達主張，若孩子的母親受創傷後壓力症候群侵襲，這個孩子罹患此症候群的可能性比控制組高三倍。她也發現，倖存者無論男女，若罹患此症，他們的孩子比其他倖存者的孩子有三倍至四倍高的可能性患有憂鬱或焦慮症，又或濫用藥物。耶胡達及其團

隊根據此症是來自父親或母親，得以區分孩子的徵狀差異。她發現，若是來自父親的創傷後壓力症候群，孩子會感覺到「自己從記憶中分離出來」。若是來自母親，孩子較可能有「冷靜下來」的困難。

耶胡達也確切地指出，若孩子的父親罹患創傷後壓力症候群，這個孩子「可能更傾向有憂鬱症或慢性壓力反應」。另一方面，若母親罹患此症，孩子的症狀似乎恰恰相反。耶胡達說明，孩子的母親若是猶太人大屠殺的倖存者，會很害怕和孩子分離，這些孩子通常會抱怨他們的母親過分依附。

耶胡達認為，我們遺傳自父親因壓力而引發的表觀遺傳修改，在精子受孕前就已存在。她也相信，這些改變在母親的卵子還未受精或在懷孕時就發生了。耶胡達也提到，母親經歷創傷的年紀顯著影響了她遺傳給下一代的改變。舉例來說，猶太人大屠殺倖存者的孩子，根據其母親遭遇大屠殺的年紀是年輕還是成人，會遺傳到酶的變異性，其功能是將有活性的皮質醇轉化為非活性。

遭遇創傷後壓力症候群的祖父母也會影響接續的世代。像是葛雷琴的例子，和戰爭相關的創傷會持續，讓孫輩的孩子受苦於原初創傷。

創傷不僅因為戰爭，任何家族中重大到會干擾情緒平衡的事件，像是犯罪罪行、自殺、早夭，親人突然或意外死亡，都可能讓我們重現過去的創傷徵狀。薩克寫道，「創

傷會在社會中到處遊歷，也會在世代之間遊蕩。」

表觀遺傳的傳遞

科學家近來才開始了解創傷的繼承是如何透過生物過程而發生的。要了解更多，研究者轉向動物研究。因為人類和小鼠的基因藍圖驚人地相似（百分之九十九的小鼠基因可對應於人類），透過這些研究，我們得以了解遺傳性壓力對生活的影響。這些研究因為另一原因而頗具價值：對小鼠來說，一個世代是十二星期，跨世代研究可在相對短的時間內獲得成果。若要在人類身上做類似實驗，可能要花上約六十年的時間。

老鼠的血液、大腦、卵子和精子中的化學改變，可將其連結上小鼠後代的行為模式，諸如焦慮和憂鬱。舉例來說，對小鼠後代的研究中顯示，因母嬰分離的壓力創傷而產生的基因表現改變，可往前追溯三個世代。

其中一個實驗，研究者在小鼠出生後兩週期間，每日三小時不讓母鼠餵養剛出生的小鼠，那些小鼠成長後，便會展現可類比人類憂鬱的行為。這些徵狀在小鼠愈年長會愈嚴重。驚人的是，有些公的小鼠不會展現這些行為改變，卻遺傳給牠的後代母鼠。研究者同時在受壓力的小鼠身上，發現甲基化和基因表現改變。這些基因包括在小鼠和人類

身上都負責調控焦慮的ＣＲＦ２基因。研究者也發現後代小鼠的生殖細胞（精卵的前體細胞）和大腦，都會因為和母鼠分離遭受壓力而受影響。另一個在大鼠身上做的實驗發現，若後代大鼠愈少獲得母鼠照顧，相較於獲得較多照料的大鼠，前者愈容易焦躁並在成鼠時易對壓力有反應。這個壓力模式被觀察到是跨世代的。

眾所皆知，嬰兒會因為和母親分離而備受考驗。實驗中公的小鼠若年幼時和母鼠分離，其對壓力的感受性終其一生都會增強，而後代小鼠也會展現類似的壓力模式且跨越多代。其一實驗，在蘇黎世大學的腦部研究中心（Brain Research Institute of the University of Zurich）於二〇一四年進行，研究者挑出公的小鼠使其重複並延長和母鼠的分離時間。這些小鼠在之後都顯示多項類似憂鬱的徵狀。研究者在這些公鼠的之後二到三代也發現相同的創傷症狀，即使這些後代小鼠從未有與母鼠分離的經歷。[12]

研究者也在創傷小鼠的精子、血液和海馬迴（Hippocampi）中，發現異常高數量的微型ＲＮＡ，此為調節基因表現的遺傳物質。（海馬迴是大腦中和壓力反應有關的區域。）第二代創傷小鼠的血液和海馬迴，也發現異常程度的微型ＲＮＡ。第三代的創傷

12　譯註：此實驗為了確認壓力是否會透過精子遺傳，這些公小鼠年幼時遭遇與母鼠分離的壓力之後，精子會被取出而和未受壓力經驗的母小鼠之卵子結合成受精卵，而其後二、三代的表觀遺傳便可確認是來自於創傷公小鼠的精子。

小鼠雖然並未偵測到微型RNA的數量增加，但牠們還是展現了與父親和祖父相同的創傷症狀。此一結果讓研究者推測，創傷事件的行為影響會於三代內顯露，但大概不會超過三個世代。

「因為精子裡微型RNA的數量失調，我們發現創傷遺傳的關鍵因素，」這個研究的共同作者伊莎貝爾．曼思威（Isabelle Mansuy）解釋道。她和其研究團隊正在進行的研究，是關於微型RNA在人類創傷遺傳中扮演的角色。

曼思威和同事於二〇一六年發表一項較新的研究，他們讓成年後的小鼠生活在正向且低壓力的環境中，便能反轉小鼠身上的創傷症狀。小鼠不僅行為進步了，牠們的DNA甲基化也改變了，那些症狀免於再傳給下一代。這項研究的意義非凡。之後的章節中，我們會學習如何創造正向的圖像並豐富生活經驗，以反轉可能在家族中跨世代影響的壓力模式。

小鼠的研究之所以引人入勝，是因為科學現已能證實前代所經歷的考驗會傳遞給後代。艾墨里大學醫學院（Emory university School of Medicine）於二〇一三年進行的實驗含括遭受壓力的公小鼠的後代，研究者發現創傷記憶會透過DNA中表觀遺傳的改變而傳遞給接續的世代。研究者訓練第一代小鼠對一個類似櫻花香氣的氣味苯乙酮（acetophenone）感到恐懼。每次小鼠暴露在苯乙酮的氣味中，牠們就同時被電擊。經

過一段時間，被電擊的小鼠對這個特定氣味會有較高程度的受體，讓牠們能偵測到較低程度的氣味。牠們的大腦針對此氣味受器也有擴大的反應區域。研究者並能在小鼠的精子中辨認出差異。

這個研究最吸引人的地方，發生在第二和第三代小鼠身上。第二代和第三代小鼠聞到這個香氣，就會緊張不安並迴避，儘管牠們從未聞過這個味道。牠們的大腦也顯示類似的改變。這些小鼠不僅遺傳了前代對這個氣味的敏感度，甚至繼承了和這個氣味有所連結的恐懼感。

布萊恩．迪雅斯（Brian Dias）是執行此實驗的其中一個研究者，他認為「精子中有某個東西會通報訊息，並允許這個訊息遺傳下去。」他和研究團隊注意到，在第一代小鼠和後代小鼠的精子中，有異常低程度的DNA甲基化。雖然父母親的創傷經驗是如何儲存在DNA中，以及確切的機制為何，都需要更多研究。迪雅斯說：「前代祖先理應告知後代，讓他們知道某些特定的環境對他們來說是負面的。」

這一特定研究提供了不可忽視的證據，說明行為是可以跨代遺傳的，研究者稱之為「表觀遺傳的隔代傳遞」（transgenerational epigenetic inheritance）。當我在診間做家族治療，我通常會看見疾病、憂鬱、焦慮、情感關係糾葛、經濟困難的重複模式，而我總是不由自主想看得更深。若前代有一男子在賽場上傾家蕩產，或有一女子只選擇和已婚

男子發生關係，是被什麼不可知的事件所驅動的呢？其中的表觀遺傳又是如何受影響？

迪雅斯和其團隊希望能進行下一步的研究，確定人類基因上能否找到相似的效果。在花費數個世代檢視人類的資料之前，現今的動物研究無疑要我們暫停一下，想想我們的誕生是如何和父母與祖父母共享壓力的。

二〇一三年一項包含母鼠的大鼠研究發表在《生物精神醫學》期刊，海法大學（University of Haifa）的研究者希巴．札伊丹（Hiba Zaidan）、米卡．拉山（Micah Leshem）和伊納．蓋斯勒–薩羅蒙（Inna Gaisler-Salomon），發現在懷孕或受精前，即使只是相對輕微的壓力，就足以影響後代。許多大鼠不過在出生後約四十五天，相當於人類的青少年時期，經歷了像是氣溫改變的輕微壓力。不可思議的是，下一代大鼠也測量到相同的表現。

研究者將焦點放在CRF1基因上，因為它會將身體對壓力的反應編碼成分子，研究者偵測到遭受壓力的大鼠腦中，這個基因的分子產物之數量提高。他們也發現大鼠的卵子和後代的腦中，這個分子產物的濃度顯著增加，顯示大鼠所經歷的壓力，其訊息透過卵子傳遞給下一代。研究者堅稱，新生大鼠的行為改變和母大鼠的育兒模式無關。這個特定的研究認為，即使人類嬰兒在備受鼓勵的養育方式中長大，孩子依然是父母所經歷的壓力事件的接收者，即使事件發生在受孕之前。下一章，我們會探究相同父母所生

的不同子女可能繼承了不同的創傷事件，且各自過著迴異的生活，儘管他們共享相似的教養環境。

加拿大萊斯布里奇大學（University of Lethbridge）的研究者於二〇一四年的大鼠研究中，檢視了壓力之於懷孕母鼠的效果，及其對早產的影響。研究結果顯示，遭受壓力的母鼠較易早產，且牠們所生的母鼠若懷孕，孕期也較短。孫輩的母鼠甚至比牠們母親的孕期更短，發生於孫輩大鼠的現象尤其讓研究者驚訝。即使第二代母鼠未曾遭遇壓力，孫輩母鼠仍然和祖輩遭受壓力的母鼠一樣孕期較短。這份發表的資深作者格琳達·梅斯（Gerlinde Metz）說道，「這個令人驚訝的發現是，即使懷孕時遭遇到輕微或中等的壓力，都在世代中產生複合效果。因此，這個壓力的影響在每一代中都增強了。」梅斯相信表觀遺傳改變是源自於非編碼微型RNA分子。此一發現，意味著人類懷孕時的風險或分娩併發症可能肇因於壓力。

因為人類一個世代至少要二十年，跨越多世代的人類研究結果仍待確認。然而，小鼠研究顯示，壓力會遺傳至少三個世代，研究者推測，經歷創傷或遭受壓力事件的父母所生的小孩，不僅可能會把這個模式再傳給自己的小孩，也會傳給孫子。神祕的是，《聖經》的《民數記》第十四章十八節出現了和現代科學相呼應的宣稱，或反之亦然：父母的罪、罪惡或懲罰（名詞依你讀的譯本而異）會影響往後三到四個世代的孩子。確

切來說，聖經《新普及譯本》（the New Living Translation）寫道，「耶和華不輕易發怒，並有豐盛的慈愛，赦免罪孽和過犯；萬不以有罪的為無罪，必追討他的罪，自父及子，直到三、四代。」

如同表觀遺傳中的發現，其展現如何減輕創傷之隔代影響的新知，可能變成家族治療時的標準作法。研究者發現我們的想法、內在圖像和每日修行，諸如圖像冥想和靜坐冥想，可能改變我們的基因表現。下一章會有更詳細的闡述。

第三章

家族的心智

父母吃了酸葡萄，孩子的牙酸倒了。

——耶利米書第十八章二節（新譯本）

簡單來說，透過自己的母親，我們接受了外祖母各方面的母愛。我們外祖母所承受的創傷，她的傷痛和不幸，她在幼年時或與你外祖父經歷的困難，她所失去的早逝的摯愛，某個程度都滲入了她所給予我們母親的愛。如果再回溯上一個世代，我們外祖母所接受到的母愛也可能誠此如實。

那些形塑生命的事件細節，之於我們可能隱晦不顯，但那些細節的影響仍然是能被深深感知的。我們不僅繼承於父母，他們是如何被教養的，也影響了我們和伴侶如何相處、如何自處，以及如何養育孩子。或好或壞，父母很容易將自己接受的養育方式遞傳

給我們。

這些模式像是深植腦中，甚至在我們出生之前就已然成形。母親如何與在子宮中的我們聯繫，對我們神經迴路的發展至關重要。湯瑪士．凡尼說道，「就在受孕的那一刻，在子宮中的經驗會形塑大腦，為我們的人格、情緒氣質、認知想法的能力打下基礎。」像是藍圖，這些模式是遺傳多過於習得的。

出生後的最初九個月，其功能實是延續發生於子宮中的神經發展。有些神經迴路被留下，有些被捨棄，餘下的迴路依照嬰兒的經驗，嬰兒與照顧者或母親的互動而被組織起來。透過這些早期的互動，孩子持續建立自己管理情緒，以及想法和行為的藍圖。

當母親帶著繼承來的創傷，或曾與其母親經歷過的聯繫斷裂，都會影響並干擾她與孩子形成的親密連結。嬰兒早期與母親的連結斷裂，無論是孩子在醫院的時間延長了、母親不合時的假期，或彼此長時間的分離，都可能對孩子帶來嚴重影響。深植於孩子身體裡，關於母親的氣味、感覺、觸摸、聲音和味道，都突然消失了。

「母親與孩子共存的生理狀態和上癮很類似。」行為科學作家溫妮芙芮．蓋勒格（Winifred Gallagher）說道。「當他們分離，孩子不只是想念母親，孩子經歷的是生理和心理上的戒斷症狀……和海洛因成癮者戒斷的困境很類似。」這個譬喻有助於解釋包括人類在內的哺乳類新生兒，和母親分離時為什麼會使盡全力來抗議。從嬰兒的角

度來看，和母親分離，感覺起來像是生存受威脅。羅馬林達大學兒童醫院（Loma Linda University Children's Hospital）的新生兒學家海雷妮．菲利浦（Raylene Philips）博士說道。「若分離時間延長……反應是絕望……嬰兒就放棄了。」菲利浦博士和尼爾斯．伯格曼博士（Nils Bergman），以及其他研究母嬰連結的神經科學專家們共享這一理解。

我年輕的時候，對這種放棄的感覺了然於心。這源自我的家族。我的母親沒有從她母親那裡獲得的，影響了她所能給予我和我兄弟姊妹的。雖然我總是能感覺到她的愛熠熠閃耀，但是家族歷史的創傷滲入了她的母愛，尤其是我的外婆艾妲，她在兩歲時便痛失雙親。我們家族的傳說如此流轉：我的外曾祖母索拉因感染肺炎於一九〇四年過世，索拉的父母怪罪她的丈夫安德魯，一個遊手好閒的賭徒。根據這個故事，索拉是為了等待丈夫回家，在凜冬中探頭望向窗外而感染肺炎。他們告訴我的外婆艾妲，她的父親「將房租輸個精光」，這句話就此在我們家族中世世代代盪著回音。索拉死後，我的外曾祖父安德魯被逐出家族，再無音訊。當她重複說著故事，即使我還小，我都能體會到她的酸楚，並感覺她因為沒有機會認識父親而悲傷。

我的外祖母在兩歲成為孤兒，之後由她年老的祖父母撫養長大。他們在匹茲堡的丘

區（Hill District in Pittsburgh）以手推車賣布營生。我的外祖母很景仰他們，當她回憶起他們有多愛她的時候，總是滿面生春。但這僅是部分的故事，是她意識記得的部分。更深層的故事，則在她不能企及之處。

當艾妲還是蹣跚學步的孩子時，甚至還在子宮裡，她恐怕就吸收了母親因為時常爭吵、哭泣和失望的壓力。這些都深深影響了艾妲腦部的神經發展，接著，兩歲時失去母親可能為她留下了情緒碎片。

我的母親不僅由一位孤兒撫養長大，因為我的外婆未曾獲得母愛的滋養，自然也就無法付出足夠的愛養育我母親。我的母親，也同時繼承了我外婆幼年時和其母親分離的內在創傷。雖然艾妲真實存在在我母親的生活中，她卻無法表現出得以支持我母親成長的情感深度。我母親因此繼承了這一塊遺失的情感連結。

我外公的故事也同樣讓人焦慮。我的外公哈利在五歲時，他的母親瑞秋死於難產。哈利的父親山繆承受無比的自責，認為是自己讓她懷孕才導致不幸。山繆很快再婚，據說，他再婚的妻子更愛自己親生孩子多過哈利，以非常殘酷的方式對待他。我外公很少提到小時候的事，我知道的都是我母親告訴我的，她述說父親幼年時差點被活活餓死。他只能撿拾垃圾桶裡的殘渣、吃蒲公英葉子以求活命。當我還是小男孩，我想像自己的外公也是小男孩時，獨自坐在路邊啃咬著不新鮮的麵包，或從雞骨上剝下壞掉的肉。

我的外公外婆都在幼時失去母親，他們毫無所察地傳下了創傷的陰影。我的家族中，母親與孩子的聯繫斷裂已至少延續三代。若這樣的崩解並未在我母親出生前發生，也許我和我的兄弟姊妹會接收到不同樣貌的母愛。但過去已然發生，我母親所需求但父母無法給予的愛，使她時常感到焦躁並難以承受。

為了終止這個家族中繼承來的創傷，並且為了治療自己，我了解必須修復與母親的關係。我知道我不能改變過去已經發生的事，但我確實能改變現有的關係。

我的母親繼承了她母親的壓力模式，我也是。她時常緊抱胸前並抱怨身體裡躁動不安的感受。我現在了解她是無意識重現我家族裡蕩漾著的害怕、孤單的漣漪，恐懼將與自己最需要的人分離，也就是她的母親。我記得我還小，大概五、六歲時，每次當她離家，我總是感覺恐懼。我會去她的房間，打開抽屜拿出她的圍巾和睡衣，將臉埋進去好嗅聞她的香氣。那感覺還歷歷在目，我覺得自己再也見不到她了，這香氣是我唯一擁有的了。長大之後，當我和母親說起這段回憶，我才知道她小時候每當母親離家，她也會做一模一樣的事：將臉埋進母親的衣服裡。

就像我的故事所闡述的，母親與孩子的連結崩解可能早早源於懷孕之前。這個影響會留存在潛意識中，以體感記憶住在身體裡，當發生某些事件，引起了有關拒絕或拋棄的回憶，這個影響就會受驅動。

當它發生，我們可能會感覺自己全然和自身脫離。我們的想法會變得太壓迫而使自己無法承受，甚至對流動於身體裡的知覺感到害怕。因為這個創傷存在得太早，它通常躲在我們的意識之外。我們知道定是哪裡出了問題，但無法清楚指出到底是「發生什麼事」。反之，我們推測自己就是問題的核心，我們的內在有什麼「壞掉了」。當感覺害怕和焦慮，我們通常會試著控制環境，使其變成自己覺得安全的樣子。那是因為我們還小的時候，太多事情無法控制，一旦強烈的情緒來襲，我們無處安身。若非我們有意識去改變那個模式，受損的聯繫會在代代之間迴響著。

家族的意識

關於我們繼承並「重複經歷」各方面家族創傷的概念，著名的德國心理治療師伯特·海寧格已有多本以此為題的著作。他起初是天主教神父，而後成為家族治療師與哲學家，花了超過五十年的時間研究家庭。海寧格教導著，我們和自己在生理上的前代家庭成員共享家族意識。他觀察到，創傷的事件，像是父母、兄弟姊妹或孩子早逝，又或遺棄、犯罪和自殺，都會對我們造成強大的影響，銘印於整個家族系統的世代之中。這些銘印逐漸變成家族藍圖，使家庭成員無意識重複著過去的苦難。

這些重複的創傷並不完全是原始事件的複製品。舉例來說，若家族中曾有人是罪犯，後代便可能不自覺地償還那樁罪過所鑄成的錯。一位名叫約翰的人在他剛獲釋時來見我，他為了一樁他宣稱自己並未犯下的挪用公款罪服刑三年。庭審時他不認罪，但因為他的前同事做偽證以致罪證不利於他，他的律師建議他接受認罪協商。他一進我的辦公室，就顯得焦躁不安。他緊咬牙齒、把外套甩到椅背上。他說自己被陷害，並日夜構思要如何復仇。當我們討論到他的家庭狀況，才真相大白。他的前一代也就是他父親，在一九六〇年代被指控謀殺合作夥伴，庭審時卻因為技術性理由而獲釋。所有家族的人都知道他父親有罪，但從未說什麼。以我在繼承性家族創傷上的經驗，我一點都不驚訝約翰入獄的年紀和他父親當年受審時一樣。正義終於來臨，只是換一個人付出代價。

海寧格相信這些重複的背後機制是潛意識的忠誠，並認為潛意識的忠誠是造成家族受創的原因。無法清楚辨認那些徵狀實是源自前代，人們通常假設問題的源頭是來自個人的人生經驗，並無助於找到解方。海寧格告訴我們，每個人都和其他家族成員一樣，有權利歸屬於家庭系統之中，無論如何，沒有任何一個人能出於任何理由被家庭排除。這包括了讓祖母貧困潦倒的酗酒的祖父、讓母親心碎的胎死腹中的哥哥，或甚至是爸爸倒車意外撞死的鄰居小孩，成為罪犯的叔叔，我們母親同父異母或同母異父的姊姊，因墮胎而未出世的孩子，都屬於家族。這個名單還可以繼續延伸。

甚至，那些我們通常不願意含納進家族系統裡的成員，也應該含括進來。如果某人傷害或謀殺或佔了我們家族成員的便宜，那人就應該被納入。同樣地，如果家族中有某人傷害或謀殺或佔了某人的便宜，那個受害者也應該納入我們的家族系統。

我們父母或祖父母前一段關係的另一半也該含括進來。因為若不是他們死亡、離開或被迫離開，我們的父親、母親、祖父、祖母都沒有機會進入這個系統，我們最終也不會生於人世。

海寧格發現，若系統中的某人被否定或從家族中被排除，那人可能會被後代中的某成員所代表。那位後代成員有可能共享或重複那人的命運，無論是相似的行為舉止或是重複著那人的苦難。舉例來說，如果你的祖父由於酗酒、賭博、捻花惹草的問題而被家族所排斥，那麼這其中一項或多項舉止，都會被某一位他的後代成員給承襲下來。這樣一來，整個家族便持續在接下來的世代中受苦。

約翰的家族中，那位被他父親殺死的人，現在也是家族系統的一部分了。當約翰被他的合作夥伴陷害、入獄服刑，並想著如何殺了對方以報仇，實是某部分重現了四十年前發生在自己父親身上的經驗。當約翰將父親的經驗和自己的連在一起，他終於能夠放下那些縈繞的念頭，繼續之後的人生。這兩個人的命運錯綜複雜地交織在一起，好似兩個人共享同一命運。只要這個連結仍模糊不顯，約翰就不可能感受到情緒上的自由。

海寧格強調，無論我們自己的命運有多嚴峻，都要自己承受。嘗試承擔他人命運時，沒有人能逃離隨之而來的苦難煎熬，無論那是父母的、祖父母的、手足的、叔叔的或阿姨的命運。海寧格用「牽連糾葛」（entanglement）來描述這類煎熬。若受牽連糾葛，你便會無意識帶有家庭系統中某位前代成員的感覺、症狀、行為、苦厄，好像那是你自己的一樣。

即使是同一對父母所生的多位子女，在相同的家庭成長、共享類似的教養，也可能繼承相異的創傷，經驗不同的命運。舉例來說，長子可能繼承了父親未解的過去，長女可能繼承了母親的，但不一定都是如此，也可能相反過來。之後出生的孩子則可能繼承了父母親其他面向的創傷，或他們祖父母創傷的某些元素。

舉例來說，長女可能會和一男子結婚，這男子的情感疏離、自抑，就像她所感覺到的父親。這麼一來，她便和自己的母親共享了這一動態。藉由和這樣封閉自己、自制的男子結婚，她重複了母親的經驗，並聯繫上母親的不滿。第二個女兒可能帶著她母親無從表達的怒氣。這麼一來，她雖然受相同的創傷影響，卻是不同面向，她可能會拒絕她的父親，第一個女兒則沒有。

家庭中後來出生的孩子，可能帶著祖父母未解的創傷。相同的家族中，第三或第四個女兒可能終生不婚，因為害怕自己受控於不愛的人。

我曾經治療一個有類似狀況的黎巴嫩家庭。當我們往前看一個世代，他們的祖母與外祖母都在小時候就被送走當童養媳，當時一個九歲，另一個十二歲。這個家族中的兩個女孩子，都和祖母們在孩童時被強迫結婚的經驗聯繫著，她們在自己的關係中，重複這些經驗的不同面向。就像她們的祖母，有一個女孩子和比自己年長很多的男人結婚。另一個女子終生未婚，抱怨著男人都很噁心並且有控制欲，她就像是她不快樂的祖母，感覺受困在一段沒有愛的婚姻裡。

面對母親與孩子聯繫的斷裂，家族中每位手足都可能用不同的方式表達與母親的疏離。其中一個孩子可能變成擅於討好的人，害怕如果自己不夠好或製造麻煩，就會失去與人的聯繫。另一個孩子可能會相信那樣的聯繫從來不該為她所有，會變得擅於爭辯，並在關係中製造衝突把人推開。再另一個，可能和人群疏離，完全不和人有接觸。

我注意到，如果多位手足都經歷母親與孩子的聯繫斷裂，他們通常會對對方有怒意或妒意，或彼此不親。舉例來說，年長的孩子或許會厭惡在他之後出生的孩子，認為對方獲得了自己不曾擁有的愛。因為海馬迴（腦中與製造記憶相關的區域）在兩歲之前還未發展完全，年長的孩子可能不會記得自己被母親握著、餵養或撫抱，卻記得自己手足所接收到的母親的愛。年長的孩子會感覺被忽略，其反應可能是無意識地怪罪較年幼的手足，認為他們獲得了自己所沒有的。

接著，當然，有些手足看似完全沒有承襲任何的家族創傷。這些孩子，有可能是成功地與父母（或其一）建立聯繫，而這些聯繫會幫助孩子對過去的糾葛牽連免疫。也許在某段時期，這位母親能夠給予某個孩子的愛相較於其他人更多。也許父母的關係改進了。也許這位母親和其中一個小孩存有特殊的聯繫，和其他孩子卻無法深刻相連。較年幼的孩子通常表現得比第一個孩子好，但也不全是這樣。或是獨生子女似乎會帶著更多從家族歷史而來的未竟之事。

但我們談到手足或繼承性家族創傷，通常不會有既確定又快速的法則，判斷每個孩子承受什麼樣的影響。除了出生順序和性別，還有很多因素，會影響各手足做的決定和他們的生活。雖然從表面看來，有些手足好像不受家族創傷的絲毫影響，有些卻受阻，但我的臨床經驗給了我不同角度：大部分的人都至少帶著某些家族歷史中的殘餘物。然而，很多無形之物也進入了系統，從而對盤根錯節的家族創傷會埋得多深產生了影響。這些無形之物包括了自我意識、自我消解的能力，以及經歷過強大的內在療癒的經驗。

治癒的圖像和大腦

「我們重複體驗家族創傷」這個概念，可能也是精神病學家諾曼・多吉（Norman Doidge）在革命性書籍《改變是大腦的天性》（*The Brain That Changes Itself*）中的核心，他意有所指地寫著，「心理治療通常是關於我們將心中的幽靈轉化為先人。」當我們辨認出世代的創傷之源頭，多吉博士認為我們的幽靈便能夠「從困擾轉變為僅僅是我們過去歷史的一部分」。

其中的關鍵，是我們允許自己受到某個強烈的影響或圖像而感動，讓常駐我們身體裡的陳舊創傷之情緒或知覺，因為這份感動而相形失色。透過圖像，我們的心靈有強大的治癒能力。當我們想像一幕景象，無論那是原諒、安慰、放下，或很簡單地只是描繪我們愛的人，這些景象都能深深安歇於身體、沉入心靈。我在工作經驗中發現，幫助人們挖掘這幕他們最能產生共鳴的圖像，是治療的基石。

早在腦部掃描能夠提出證據前，圖像治癒力的概念便有其效用。一百年前，詩人威廉・巴特勒・葉慈（William Butler Yeats）寫道「智慧首先透過圖像說話」，若我們允許自己受深植於心中的圖像導引，我們的靈魂便能「單純如火焰」，身體則變得「靜

如瑪瑙燈」。一九一三年，卡爾・榮格首先創造了**積極想像**（active imagination）這個詞，這是運用圖像（通常來自夢境）使其與潛意識心靈對話的技巧，揭示黑暗中被掩蓋之物。近來，用視覺化想像來治療的想法，已獲得廣泛關注，現在已可透過引導式圖像想像的步驟輕易降低壓力、減少焦慮、強化運動表現，並有助於特定的擔憂和恐懼症。

科學也支持這樣的概念。多吉徹底改變了我們對於大腦運作方式的理解，這一典範轉移[13]指出了大腦非但不是固定不變，且是靈活而能夠改變的。多吉的研究成果顯示，新的經驗能夠創造新的神經迴路。這些新的神經迴路透過重複而強化，透過專注力而深化。基本上，我們愈練習某件事，我們愈能訓練大腦使其改變。

這個基礎原則可反映在一句話上，這句話則概述了加拿大神經心理學家唐諾・海伯（Donald Hebb）的研究工作，他在一九四九年時表示，「同步放電的神經元，就會連結在一起。」本質上，當腦細胞同步活化，這些細胞之間的連結就被增強了。簡單來說，每當我們重複某一特定經驗，它就更為根深柢固。當重複夠多次，它就變得自然而然了。

應用海伯的原則，當我們愈實踐一種我們認為是正面的、有益處的，或有意義的新

13 譯註：Paradigm shift，意指某個研究領域的基本假設，可能是整體信念、價值或研究方法有革命性的變更。

體驗，我們愈能從中獲益。而這樣的體驗，會引起我們的好奇心和驚喜感。這些體驗可能是獲得安慰或支持，覺得憐憫或感激，終歸是那些我們打從心底讓自己獲得力量或感覺平靜的任何事。

當我們重複溫習那些與新體驗連結的感覺和知覺，不僅我們大腦中的區域開始更有效地連結，我們也可以刺激神經傳導激素的釋放，像是會讓人感覺良好的血清素（serotonin）和多巴胺（dopamine），或是荷爾蒙如催產素（oxytocin）。甚至我們基因的表現都可能受影響，也可能改進那些與身體壓力反應相關的特定基因之功能。

在神經生理的層次，每次我們練習那些有益的體驗，我們都把自己從腦中的創傷反應中心拉走，並投入其他腦區的活化。尤其是像前額葉（prefrontal cortex），得以整合新的經驗，且可能發生神經可塑性改變的區域。

根據多吉的說法，神經可塑性領域的翹楚，神經科學家邁可．莫山尼克（Michael Merzenich）說道：「在對的狀況下練習新的技巧，可能改變我們腦中版圖數百萬或甚至數億萬的神經細胞連結。」一旦腦中新的地圖建立好，新的想法、感覺和行為都可能自然呈現出來，當陳舊的恐懼浮起，便會擴充我們相對應的能力。

當我們連結起恐懼和徵狀背後的原因，我們實是為解方打開了新的可能性。有時候光是新的知識，就足以移轉舊有的痛苦圖像，開啟我們能從身體核心感覺得到的內在釋

放。其他例子中，建立連結只是增進理解，但更需要的是將過去所學整合進來。我們需要句子、儀式、慣例或練習，來幫助我們形成新的圖像。新的圖像能夠讓我們蓄滿平靜的能量，變成我們可以不斷回返的內在平靜參照點。當有了新的想法、新的感覺、新的知覺，和在腦中新生根的地圖，我們開始建立幸福的內在體驗，而這體驗將和舊有的創傷反應，及其讓我們迷途的強大力量競爭。

我們愈旅行在新大腦地圖中的神經和內在迴路，我們愈能感受伴隨這張地圖的美好感受。隨著時間過去，這些美好的感受開始變得熟悉，我們也開始相信自己得以回到這一堅實土壤的能力，即使我們所踏之地暫時動搖了。

多吉告訴我們，我們能僅透過想像去改變大腦。只要閉上眼睛，用視覺想像一項活動，我們的主要視覺區域便會活化，如同我們真的執行這項活動，這些區域也會活化一樣。腦部掃描顯示，無論我們是透過想像或真實經歷某一事件，大腦中有許多相似的神經元與區域會活化。多吉描述，視覺化想像是同時使用想像和記憶的過程。他說：「視覺想像、回憶或想像一個美好的經驗，會活化很多知覺、動作、情緒和認知迴路，與真實經歷此一美好經驗相似。」

「想像是創造的起源，」劇作家喬治．蕭伯納（George Bernard Shaw）寫於一九二一年。早在大家能想像神經可塑性甚至是一種可能性之前，蕭伯納就仔細闡述了這一原

則，「我們想像的，我們使之可能。」

療癒的圖像和我們的基因

「可塑性會因為我們的經驗而改變，」多吉說道，「它深深旅行至腦中，甚至也進入基因、形塑它們。」道森．丘奇（Dawson Church）在他最賣座的書《在你基因裡的精靈》（*The Genie in Your Genes*）中，回顧了情緒與基因表現的研究。他闡述視覺想像、冥想，以及專注在正向的思考、情緒和禱文——他稱其為內在表觀遺傳的介入——能啟動基因，積極影響我們的健康。「在我們的心中充滿幸福的積極圖像，」他說：「能創造會增進療癒過程的表觀遺傳環境。」

已有大量的研究，致力於展現冥想對於基因表現的正面影響。威斯康辛大學麥迪遜分校（University of Wisconsin-Madison）所做的一項研究於二〇一三年發表在《神經心理內分泌學》（*Psychoneuroendocrinology*），顯示專業冥想者進行八小時冥想後，便有明顯的基因和分子改變，包括促發炎基因（pro-inflammatory genes）的降低程度，可讓他們在壓力事件之後身體恢復得更快。丘奇說道，當我們冥想時，「大腦中製造快樂的部分正在擴大。」

在我們的人生中，大腦細胞都會持續新生，大部分的新生細胞發生在海馬迴。「當我們學習，便改變了神經元內的基因表現，」多吉說道，「當基因被打開，它會產生改變細胞結構和功能的新的蛋白質。」多吉解釋，這個過程會被我們的行為和想法所影響。「我們能形塑基因，而基因會進而形塑大腦的精密結構。」

「你無法改變DNA，」瑞秋．耶胡達說，「但如果你能改變DNA的運作方式，其實道理是類似的。」

如同我們一直在學習，人生是不可能完全沒有創傷的。即使我們死亡，創傷也不會沉寂。甚至，創傷會持續在後代的子孫身上，尋找得以消解的豐饒土壤。幸運的是，人有其復原力，並能自多種創傷中痊癒。這可能發生在我們人生中的各種階段，我們只是需要正確的內省和技巧。之後我會分享我在治療中常用的有效方法，你將能夠親身體驗，從家族繼承而來的創傷如何獲得療癒。

第四章
核心語言方法

潛意識堅決著、重複著，幾乎把門給拆了，只是要被聽見。

——安妮．羅傑斯（Annie Rogers），《不能言說的》（*The Unsayable*）

當過去創傷的碎片在我們心中播放，這些碎片，以情緒強烈的字眼和句子等形式留下蛛絲馬跡，引導我們回到那未解的創傷。正如我們看到的，這些創傷可能甚至不屬於我們。我稱這些創傷的表達形態為「核心語言」。核心語言也可能以非語言的方式被表達，這可能包括了身體知覺、行為、情緒、衝動，甚至是疾病症狀。傑斯的核心語言包括了在凌晨三點三十分猛然驚醒，毫無理由地顫抖並害怕重新入睡。葛雷琴的核心語言包括憂鬱、絕望、焦慮，並有想要使自己「蒸散」的衝動。葛雷琴和傑斯都各自帶著一些謎團的拼圖，連結至家族歷史中懸而未解的問題。

我們都知道漢森與葛萊特的糖果屋（Hansel and Gretel）故事，他們被騙進黝黑的森林。漢森擔心他們永遠找不到路出來，便沿路在樹林裡留下麵包屑，確保他們能安全回家。這是個貼切的譬喻：無論我們的恐懼是位於森林深處，或僅是偏離路徑而些微不安，都留下了碎屑，幫助我們找到自己的路。但我們留下的不是麵包屑，而是以詞語留下蹤跡，這些詞語具有將我們導回正軌的力量。這些詞語似乎是隨機出現的，其實不是。它們是自潛意識而來的線索。當我們知道如何搜集、連結它們，它們便形成一道可追溯的軌跡，幫助我們更了解自己。

就像童話故事裡的孩子們，我們可能會漫遊於恐懼的森林卻走得太遠，以致甚至忘記家在何處。你會發現，我們可能沒有依循著詞語的蛛絲馬跡，反而訴諸藥物治療，或用食物、香菸、性或酒精來安慰自己，又或是用其他不需留心的活動，好讓自己轉移注意力。以個人經驗來看，我們知道這些方法都是死路，它們從未引領我們到需要去的地方。

我們沒有意識到核心語言的麵包屑其實遍布身邊。它們活在我們大聲說話的話語，也活在沉默不語之中，更活在我們腦袋中不斷出現如鬧鐘響鈴的詞語中。可是我們不但沒有遵循這些詞語引導的路，還可能因為這些詞語在我們內裡創造出的空洞而癱瘓。

潛意識的記憶

了解創傷記憶是如何儲存的，能夠揭示當我們不堪承受時，我們的言語會發生什麼變化。長期記憶可以分為兩大類：陳述性與非陳述性記憶。陳述性記憶也稱作外顯記憶或故事性記憶，那是我們有意識去回想事實或事件的能力。這類的記憶依賴語言去組織、分類、儲存資訊與經驗，讓這些內容在日後變成可檢索的記憶。就像書架上的一本書，若我們需要參考過去的故事，就能隨手拿下來。當我們可以用語言訴說故事，便是記得那是我們過去的一部分。

非陳述性記憶，也稱為內隱記憶、知覺運動記憶，或程序性記憶，其運作不需意識回想。它允許我們自動化檢索過去之習得，而不需重新學習每一步。舉例來說，當我們騎腳踏車，我們不需去想能夠讓腳踏車前進的一系列順序。騎腳踏車的記憶深植於我們內在，我們只消跳上車、腳踩踏板，不必將這個過程分解成若干步驟。這類型的記憶並不總是容易用文字描述。

創傷經驗通常被儲存成非陳述性記憶。當事件變得不堪負荷以致我們喪失語言，我們便無法精確記錄或用故事來「陳述」記憶，因為那都需要語言執行。這就像一場突如

其來的洪水同時沖倒我們全部的門窗。身處危險時，我們不會停留太多時間使經驗變成語言，我們只是離開那間房子。

沒有詞語，我們便不再留有完整的通行證以進入那些事件記憶。經驗的碎片無名佚散，沒入視線不可及之處。遺失與不可言說，變成我們潛意識的一部分。

我們潛意識的巨大寶庫不僅儲存著創傷記憶，也存著我們祖先未解的創傷經驗。在共享的潛意識中，我們似乎重新經驗前人記憶的碎片，並宣稱那屬於我們自己。

雖然之前描述的小鼠實驗，提供了關於創傷如何代代遺傳的證據，但是這些創傷移轉是如何在人類身上發生的，其確切機制還需要更多研究。儘管目前我們不能完全確認，為什麼前人未竟之事會在我們身上生根，但是若能有意識地建立連結，那似乎就能得到緩解。

未能言說之語：當詞語佚失

有兩個重要的時刻，我們無法用言語來描述經驗。第一個是兩三歲之前，當時我們大腦的語言中心尚未達到完全成熟。第二種情況發生在創傷性事件期間，當記憶功能被抑制，我們無法正確處理訊息。

當記憶功能被抑制，重要的情緒訊息繞過額葉，以致無法被詞語或語言名之或排序，如同巴塞爾・范德考克描述的。沒有語言，我們的經驗通常就「未能言說」，而被儲存成記憶、身體知覺、圖像和情緒的片段。語言允許我們得以將經驗圈養起來，轉化成故事的形式。一旦故事成形，我們就更能重訪那些經驗——即使是創傷——而不用重新溫習所有的動盪。

就算語言是當我們不堪負荷時第一件失去的東西，然而這個語言卻永遠不會丟失。它會無預期浮現於潛意識和表象，拒絕被忽視。正如心理學家安妮・羅傑斯說的，「潛意識堅決著、重複著，幾乎把門給拆了，只是要被聽見。唯一一個聽見它、邀請它進門的方法，是停止強加任何事情在其之上——通常的形式是你自己的想法——並且傾聽那未能言說的。它無所不在，它在言語之中、故事的實踐之中、夢中，和身體裡。」

核心語言和復原記憶

存在我們潛意識中說不出口的經驗，俯拾即是。它們出現在我們古怪的語言之中，透過慢性症狀和無法解釋的行為表達出來，在我們於每日生活面對的重複掙扎中一次一次顯露。這些說不出口的經驗形成了我們核心語言的基礎，當潛意識破門而出被聽見，

核心語言就是我們所聽到的。

我們核心語言中充滿情緒的詞彙，是開啟非陳述性記憶的關鍵，這些記憶住在我們的身體裡，也住在家族系統的「身體」裡。它們就像我們潛意識內尚待挖掘的寶石。如果我們無法認得這些信差，就錯失了能幫助我們解開那些掙扎背後奧祕的重要線索。一旦挖掘出來，我們就往創傷癒合邁出了必要的一步。

核心語言幫助我們「昭示」那些「未能言說」的記憶，讓我們重組那些原本無法被整合，或甚至記不得的事件和經驗。當這些片段在意識中被搜集起來，我們便開始形成故事，得以深入了解過去可能曾經發生在我們或家族成員身上的事。那些困擾了我們一生的記憶、情緒和知覺，都開始有了意義。一旦我們得以在過去、我們的或家族的創傷之中，將其源頭定位出來，我們便不再需要經驗它們，就好似它們屬於此刻。雖然不是所有的恐懼、焦慮和重複性思考都可以用家族的創傷事件來解釋，可是當我們解碼自己的核心語言，某些特定經驗更能被全然理解。

如何辨認你的核心語言

我們用來描述自己最深的恐懼之強烈或急迫詞語，就是我們的核心語言。我們也可

以在對關係、健康、工作和其他生活事件的抱怨中聽見它們。核心語言甚至會在我們與自己身體失去連結，或我們與自我核心脫離的形式中被彰顯出來。根本上，這是我們幼時或家族歷史所發生的創傷惡果。

這種語言的不尋常之處在於，它感覺像是和我們所知、所經歷的並不相關。核心語言可能具有存於我們之外的本質，卻在我們的內裡被經驗到。葛雷琴現在明白**蒸散**和**焚燒**這兩個詞語背後的含義，她說：「那些感覺和我共生，但它們不是我的。」一旦這種古怪的語言被暴露出來，它的強度和對我們的影響就會喪失能量。

核心語言地圖

我會在接下來的章節提供一些工具，協助連結之前那些不能解釋的情緒，和過去的事件。每個工具都包括了一連串的問題，其目的是設計來抽取出某些也許從未名之、從未被意識察覺的感覺和內在經驗。一旦提取了足夠的訊息，那張潛意識的地圖就開始浮現。我稱之為核心語言的地圖，甚至可以真正繪製於紙上。我們寫的詞語會決定我們旅行的方向，每個人都有一張核心語言地圖，而每張地圖都獨一無二。

我們的核心語言地圖可能早在我們出生之前就已存在。它可能屬於我們的父親或祖

母，我們只是替他們帶著。也許，他們也僅僅是更早之前某位家族成員的地圖擔負者。有些地圖是嬰孩時期還無語時所形成的。無論我們透過什麼方式拿到它，我們現在有機會去追溯起源。

源自我們家族歷史中未解的創傷，蔓延至後續世代中，以我們從未想過要質疑的方式，融進我們的情緒、反應和選擇裡。我們假設這些經驗源於自己，因為它們的真實源頭不可見，我們通常無法分辨哪些是我們的，哪些不是。

跟隨我們的核心語言地圖，我們得以與那些如鬼魅隱形著，與被忽略般活著的家族成員面對面。有些久遠前就已經被埋葬了。有些被拒絕，有些被遺忘。其他人經歷的苦難如此劇烈，難以想像他們忍受了什麼。一旦找到他們，他們便被釋放了，我們也就得以自由了。

我們的歷史正等待被發掘。這些詞語、語言與地圖，在這個非常時刻，是我們這趟旅程的所有必需品。

第三章中，我介紹了最新的科學研究，說明視覺想像等工具，如何在大腦中創建新的神經迴路，甚至對我們的基因產生正面影響。現在，讓我們運用學到的東西。

下一章，你會發現這些練習旨在帶你跳脫習慣性思考的侷限。它們被設計來攪動鍋子，讓潛意識的深層暗流能湧現至水面。

每個練習都建立在先前的練習之上。有的請你閉上眼睛，想像家庭成員。另外有的會請你專注在你身體的知覺。有些練習會要求你寫下問題的答案，這是設計來幫助你找到核心語言中的關鍵線索。在你身旁擺上紙筆，有筆記本更好，它能讓你在往前進行的過程中更容易回顧。

我的經驗是，做這個練習能讓你深入自己的經驗，並更了解自己。別擔心答案正確與否。當我帶著你經歷這個過程，讓好奇心成為嚮導，我的執業經驗是，很多人都會因而邁向痊癒。

第五章

四個潛意識主題

最強大的繫帶來自給予我們生命的人……多少年過去了，可能存在著多少背叛，家族中又有多少苦難，似乎都不重要：我們仍然聯繫著，即使有違意願。

——安東尼．布蘭特（Anthony Brandt），《血脈》（*Bloodlines*）

無論我們是在子宮裡繼承了父母的情緒，或那是從我們早期與母親的關係中傳遞而來，或我們透過潛意識的忠誠、表觀遺傳改變而共享情緒，有件事是確定的：生命讓我們帶著過去未解之事往前進。

當我們相信生命會按照我們的計畫前進，那是在自欺欺人。我們的意圖經常與行動不符。我們可能渴望健康的身體，卻吃太多垃圾食物或找藉口不運動。我們可能渴求一段浪漫的關係，但潛在對象靠近時，我們便疏遠。我們可能想要有具意義的職涯，卻無法採取能達成目標的必要步驟。最糟糕的是，讓我們躊躇不前的那件事隱而不顯，使人

沮喪和困惑。

我們在尋常的地方找答案。我們專注於自己成長時的困窘，我們反覆思考童年時期讓人感到無力的惱人事件，我們怪罪父母讓不幸的事情發生在我們身上。我們重複又重複省視相同的念頭，但用這樣的方式念想卻極難改善狀況。若我們不能看見問題根源，抱怨只會延續自己長久的不快樂。

這一章，我們會學習四個潛意識主題，它們會中斷生活向前的進程。我們的關係、成功、健康可能被這四種方式干擾。但在前進到那裡之前，我們先看看自己是如何走到這裡的。

生命的流動

那路徑很簡單，我們是透過父母來到這裡的。我們作為父母的孩子，實是和某個往反向時間延伸的強大事物相聯繫，直至人類本身的起始。透過我們的父母，我們被置入生命之流的特定位置，雖然我們並非那流動的源頭。生命的星火僅僅只是生物性地向前傳遞給我們，連同家族歷史一起。但要經驗到那活在我們內裡之物，卻也是可能的。

那星火就是我們的生命力。也許當你讀到這，便能感覺它在你身體裡的脈動。如果

你曾經在某人死去時在他或她身邊，你會覺得這股力量減弱了。這股力量離開身體的那一刻，你能感覺到那個分離的瞬間。同樣地，如果你曾經目睹過生命誕生，你能感覺那股力量充滿整個房間。

生命力不會在出生之後停止，它繼續從你的父母親流向你，即使你覺得和他們失去連結。我從臨床診療和自己的生命中觀察到，當我們與父母的聯繫自由流動時，我們能經驗到自己更能敞開心胸接受生命所帶給我們的。當我們和父母的聯繫在某種形式上受損，我們可用的生命力就會受限制。我們可能覺得受阻或是被壓縮，或覺得活在生命之流之外，好似我們是在水流中逆游而上：最終，我們受著苦卻不知所以。但我們自身有療癒之力，在這個非常的時刻，讓我們從評估自覺與父母的聯繫開始，無論他們是否還在人世。

感受流動

花一分鐘去感覺你和父母的聯繫或斷裂。無論你和他們之間有什麼故事，感受你們的關係，並用身體感受那對你的影響。

想像你的親生父母現在正站在你面前。如果你從來不曾見過他們，或無法想像他們，那就讓自己去感受他們的存在。停在那幅圖像上，然後問自己以下問題：

- 我是歡迎他們，還是把他們關在外面？
- 我感覺他們歡迎我嗎？
- 我對其中一人的感覺，和對另一個人一樣嗎？
- 當我想像他們，我的身體變得放鬆還是緊張？
- 如果有一股生命力從他們流向我，我能感受到多少呢？百分之五？百分之二十五？百分之五十？百分之七十五？或是百分之百呢？

從父母親流向我們的生命力是自由的，我們不需要做任何事，唯一能做的只有接受。

想像那股生命力是輸送電力到你家的配電系統。所有輸送到每個房間的電線，其電力都來自於主要線路。無論我們家中電力系統多好，如果主要線路受阻，那股電流就會受影響。

現在我們來看看這個「主要線路」如何被四個潛意識主題影響。

打斷生命之流的四個潛意識主題

這四個主題對我們每個人來說都很常見，卻影響我們的潛意識：

1. 我們和父親或母親融合在一起。
2. 我們拒絕了父親或母親。
3. 我們曾經驗與母親早期連結的斷裂。
4. 我們其實是跟家裡某位成員聯繫著，而非父母。

以上任一個主題，都會阻礙我們蓬勃發展的能力，或使我們無法達成設定好的目標。它們會限制我們的活力、健康以及成功。它們出現在我們的行為和關係之中，它們出現於我們的話語。

這四個主題相互關聯，這關聯描述了我們和父母或家族系統中其他成員的關係。如果我們了解這些主題，並知道怎麼探索它們，便能辨認出是哪一個正在我們身上運作、阻礙我們擁有全然豐沛的生命經驗。

和父親或和母親的關係斷裂，是其中三個主題的基礎，也是當我們受困時首先需要

思量的。

還有其他對生命力的干擾可能阻礙我們活得完全，但這些阻礙並不總是潛意識，也不一定和父母或家族系統裡的成員有關。其中一種干擾，是我們遭遇到個人的創傷。雖然我們感受到那個創傷的影響，卻仍然沒有能力處理它。

另外一種干擾，是當我們對自己的行為或犯下的罪行感到愧疚。也許因為我們做的選擇而傷害某人，或是用殘忍的決裂離開一段關係，或拿取了不屬於我們的某些東西，又或者故意或不小心奪走了生命。愧疚可能以無數種方式凍結我們的生命力。若無法認知或解決，它可能會禍及我們的孩子，甚至再下一代。你將會在後面幾個章節了解更多。首先，讓我們先來看看這四種直接和我們父母連結，或和其他家族系統成員有關的干擾。

1. 你和父親或母親的感覺、行為或經驗會融合在一起嗎？

回想。你的父親或母親在情緒上、身體上或心理上有過掙扎嗎？看著他們受苦，你會受傷嗎？你曾想過要讓他們不痛苦嗎？你曾試過嗎？你曾經因為害怕傷到其中一位，而不敢對另一位表達愛嗎？你的生命至今，曾經和父親或母親有過相似的掙扎嗎？你在自己身上看到父親或母親的痛苦嗎？

我們很多人，都在無意識間去承接父母親的痛。當我們還是孩子，自我感的發展是循序漸進的。那時候，我們沒有學會要怎麼將自己與父母分開，卻又同時和他們維持聯繫。在那天真單純的階段，我們可能想像，若自己能修復或分享他們的痛苦，他們的痛苦就會減輕一些。如果我們把一些痛苦拿來自己擔著，他們就不必獨自承擔了。但這是幻想，只會導致更多不快樂。不快樂的共享模式無處不見。傷心的母親、傷心的女兒……無禮的父親、無禮的兒子……父母親關係的艱難，由孩子以鏡像反應了。這些組合無止無盡。

當我們和父母間其中一人融合，我們無意識地共享了某個他或她人生經驗的面向，通常那是負面的。我們重複或重新活過那些情況或條件，而沒有建立關鍵的、可釋放自己的連結。

家文的故事

以下的故事說明了，隱形的動力是如何加劇我們無力處理的掙扎。

家文三十四歲時，做了一連串粗糙的財務決策，損失了他和他家裡全部的存款。他原本是專案經理，最近卻因為無法按時交件被公司資遣。妻子與兩個年紀還小的孩子在家，他很絕望。為了支付帳單，加上婚姻使他筋疲力盡，家文被盤旋捲入深深的憂鬱。

當家文還是小男孩，他的父親恰好也是在三十五歲左右，因為相信自己獲取某場賽馬的內線消息，而輸光了全家的積蓄。那時，家文的母親把孩子們帶走，搬回娘家住。在那之後，家文極少見到父親，那個他母親口中自私的男人，一個嗜賭成性的人、一個失敗者。

三十四歲，雖然家文不是有意識地與父親產生聯繫，但他正在重複他父親「失敗者」的經驗。他也失去了家中的積蓄，並可能失去妻子和孩子。直到我們的診療開始，家文才意識到他一直重複活在過往。

家文和父親一向疏離，他不知道為什麼他們的人生竟有非常相似的模式。家文並未有意識地將自己和父親聯繫起來，他無意識地和父親融合在一起——他在不知不覺中複製父親的失敗。了解之後，家文著手修復他們破裂的關係。

距離上次他們說話，已有十年了。家文知道自己抗拒，也知道他對父親的認識主要是透過他母親說的故事。家文謹慎行事，但保持開放的心胸。家文手寫一封信，告訴父親他當爺爺了，有兩個小孫女，並告訴他很抱歉沒有常聯絡。家文等了六個星期，但沒有回應。他擔心父親也許過世了，或更糟的是父親已經將他自記憶中刪除。

家文信任那凌駕於恐懼之上的本能，他拿起電話撥了父親的號碼。他很高興他這麼做了，讓人驚訝的是，他父親根本沒有收到那封信。電話中，當他們試圖建立聯繫，兩

個男人都侷促不安地透過語言和情緒，笨拙地摸索。通過幾次讓人緊張的電話，真實的感受開始浮現。家文能夠告訴父親，自己有多麼想念他。他的父親聽著，強忍住淚。他告訴家文，這些年來，失去家庭讓他痛苦到超乎自己的想像，他沒有一天不被悲痛和傷心刺痛。他父親建議他們見面，家文同意了。幾個星期之內，原本淹沒家文的抑鬱開始消散。父親回到家文的生命之後，家文自己家裡的事情開始穩定下來，妻子恢復對他的信任，他和孩子的聯繫也更緊密了。好像有一把長久以來他根本不知道已經遺失的鑰匙，這會兒找到了。家文現在可以將保險箱解鎖，那裡面存放著他生命中最重要的珍貴物品：他跟家人的聯繫。

父母最不願意看到的，是孩子們代替自己受苦。身為孩子，認為自己比父母更有能力去處理他們的痛苦，其實是傲慢和誇大的。這也與生活的秩序不合調。我們的父母先於我們之前存在，提供我們生活所需。我們還是嬰孩時，是無法供給他們什麼的。

當孩子承擔了父母的負荷，無論是有意識或無意識的，他或她使錯失了被給予的體驗，也難以接受往後生命中的關係所給予的。照顧父母的孩子，經常會形成終身的過度延展模式，並創造出習慣性不堪負荷的感受。因為嘗試要去承接父母的重擔，我們繼續了家族的苦難，阻礙了我們和後代生命力的流動。

即使我們關心生病或年老的父母親，提供他們無法自己做到的事情，但重要的是維

持並尊重父母與子女關係的完整性，而不是貶低父母的尊嚴。

2. 你曾經論斷、責怪、拒絕，或與父親或母親斷絕關係嗎？

如果我們想要真實地擁抱生命、經驗喜悅，如果我們真的想要深層而滿足的關係、精力充沛且強韌的健康狀態，如果我們真的想要充分發展潛力，而不是覺得內在破損，我們必須要先修補和父母破裂的關係。我們的父母除了賦予我們生命，並成為我們不可分割的一部分，他們更是我們通往未顯的力量、創造力與挑戰的通道，那也是家族前人流傳下來的一部分。無論他們還活著或已過世，無論我們與其關係是友好還是疏離，我們的父母以及他們所繼承或經歷的創傷，是我們痊癒的關鍵。

即使你覺得寧可吃下一把圖釘，也不願意帶給父母溫暖，也不能跳過這一步驟，不論要花上多久。（我每週與我那曾是海軍中士的父親吃一次午餐，三十六週之後，他才終於告訴我，他從來不相信我愛他。）破裂的關係通常根源於家族歷史中的痛苦事件，它可能會代代重複，直到我們鼓起勇氣放下我們評斷的心，敞開受束縛的心靈，用慈悲的眼光看待父母或其他家庭成員。唯有這樣，我們才能消解那使我們無法全心投入生活的痛苦。

即便剛開始時，我們只能從自己的內在進行改變，但重要的是，我們要在心中找到

一處當我們想到父母會軟化而非暴怒的地方。

這個方法可能和你之前學的相反。很多談話治療專注於譴責父母，認為父母是我們受苦的根源。就像永無休止在相同迷宮中找尋方向的老鼠，很多人花費數十年的時間反覆討論父母是如何辜負他們、使他們生活悲慘的陳年往事。雖然這些陳年舊事讓我們身陷囹圄，一旦我們揭開它背後更深的故事，它就可能讓我們自由。這樣的自由是源自我們的內在，只是等待被開採。

問問自己：你是否為了某件父母對你做的事情而拒絕、責備或評斷他們？你是否無法尊敬他們其中一位，或甚至父母二人？你是否曾經與他們其中一人或同時與他們二人斷絕關係？

假設你指責或拒絕母親。這麼說吧，你責怪她不能給你足夠的、你認為自己應該得到的東西。假設這是真的，你可曾也問過自己她發生了什麼事？是什麼具有力量的事件中斷了你們之間愛的流動？過去發生了什麼事情將你們分開了，又或讓她和自己的父母分離了呢？

也許你的母親帶著從她母親而來的傷，以致無法給你她不曾擁有過的東西。她的教養方式也會因為她不曾從父母那得到而受限了。

如果你拒絕母親，很有可能是因為那個創傷事件擋在你們中間。也許在你出生之

前，你母親流產過，或曾經把孩子送給人領養，或在車禍中失去她的初戀，那個她計畫要結婚的人。也許她的父親在她年輕時過世了，或是她親愛的兄弟在步下校車的時候死去了。從每個事件而來的衝擊力量便可能影響你，但實際的事件其實不直接與你有關。相反地，無論你的母親多愛你，這些創傷都可能阻礙你母親的專注力和焦點。

身為孩子，你可能覺得她是不可觸及的、自私的、有所保留的。你可能會拒絕她，認為她愛的流動之所以有限是因為你，好似她選擇了不讓愛流向你。但最可能的實情是，她根本無法給予你所渴求的愛。無論是誰，出生在這樣的情形之下，都可能接受類似的母愛教養。

如果你斷絕自己和母親的關係，你可能會責怪她沒有回應你幼年時對她付出的所有的愛。也許那時她很抑鬱、時常哭泣，而你曾試圖用你的愛逗她開心。也許你照顧她，希望能帶走她的痛。也許有一天你發現，你所有的努力都失敗了，而你的愛不能讓她好過一些，於是你疏離她，並責怪她沒有給出你需要的。但事實上是你覺得那所有你給予的愛被忽視了，或不再相信她會用相同方式的愛回應你。斷絕關係可能是你一直以來知道的唯一選項，那在第一時間讓你覺得自由，但這是童年防衛機制中的虛假自由。最終，它會限制你的生活經驗。

也許你責怪或評斷父母兩人其中一位，是因為他們吵架，而你感覺被迫選邊站。通

常，孩子會在表面上對其中一方忠誠，卻祕密地對另一方忠誠。對那個被拒絕或被鄙視的一方，孩子可能會透過仿效或採用那方不被認同的部分，形成隱祕連結。

我們再來看一次。當我們拒絕父母，他們的情緒、特質和行為便會存於我們自身。這是我們潛意識愛他們的方式，用這種方式帶他們回到自己的生活。我們在家文的生活中，看見這個模式是如何無意識地發生。

當我們拒絕父母，便看不到自己和他們在哪些地方相似。這些行為在自己身上變得不被認可，而時常投射在周遭的人身上。反過來說，我們吸引的朋友、親密伴侶或生意夥伴，時常會表現出和那個被我們拒絕的人相似的行為，讓我們有無數的機會來識別並治癒那個動態。

在生理層次，對父母的拒絕，可能會化為我們身體上的痛苦、疲累和麻木。我們的身體某個程度會覺得無法休息，除非我們內在以一種愛的方式，感受到被拒絕的那位。

我們甚至不需要知道實際的家族歷史，就能了解驅動這拒絕的原因。很明顯地，你們之間發生了什麼以致疏離。也許你的母親在年輕時感覺和她的母親沒有聯繫，或她失去手足、被她的人生摯愛拋棄。她可能永遠不會揭露自己的故事，而你永遠不會知道。即便如此，治療你和她的關係將會幫助你感覺自己的內在更完整。有什麼事確實發生了。你只需要知道，那個什麼阻礙了你的心、她的心，或你們雙方的心。你的工作是重

新與你小時候自然而然感受到的愛聯繫上。這樣一來，你便可能放下那原本應該屬於她的東西。

治癒我們與父母的關係，通常始於一個內在的影像。有時候，在我們得以往外在世界前進之前，我們必須在自己的內在世界裡踏出第一步。接下來的那條路便是讓這個過程繼續。雖然這個練習著重我們與母親的關係，相同的練習也可以用來想像父親。

想像母親和她的歷史

想像母親站在你面前，僅有幾步之遙。觀察內在。你意識到什麼知覺？現在再想像她向前大大跨了三步，和你站得非常近，離你身體只有幾公分。你身體裡發生了什麼事？你的身體是敞開的還是它向內縮緊了，又或是想要把母親推走？如果你的答案是向內縮緊且想推開母親，那麼你必須了解一件重要的事，敞開心胸現在是你的責任，而不是你母親的。

現在我們把鏡頭拉遠，再去想像你的母親離你有幾步之遙。這一次，想像她的周遭圍繞著她所經歷過的創傷事件。即使你不知道確切在她身上發生什麼事，你對

她的家族歷史略有所知，大概能感受到她的人生掙扎。花一點時間，眞正去感受，若身而爲她，那會是什麼樣子的。

- 閉上眼睛。
- 回想你母親家族歷史的所有故事，並讓所有你知道的悲劇浮現腦海。
- 想像你的母親是一個年輕的女人，一個小孩，甚至是一個小嬰兒，把自己握緊以抵擋失落的浪潮，試圖保護自己不受痛苦衝擊。
- 當你去感覺她可能的感受，你身體的反應是什麼？那是什麼樣的知覺，又是發生在你身體裡的哪些部位？
- 你能夠感覺或想像若你是她嗎？
- 這會使你受感動嗎？你能夠感受到自己對她的惻隱之心嗎？
- 在你的心裡告訴她，「媽媽，我懂。」你甚至不需要完全了解，再說一次。「媽媽，我懂。」考慮多加幾個字，「媽媽，我會試著接受你的愛，以它原本的樣貌，而不是評斷它或期待它會不一樣。」
- 這麼說時，你的感覺如何？
- 當你這樣對她說話，你的身體起了什麼變化？
- 你身體裡的任何一處，有因此而放鬆、敞開或軟化嗎？

和父母擁有親密的關係不僅能增加我們在生活中感覺到的舒適和支持，而且也被發現與身體健康相關。哈佛大學執行一項縱貫三十五年的研究，發現強而有力的證據，顯示我們與父母之關係的品質，會影響我們晚年的健康。

確切說來，每位受試者都被要求以「非常親密」、「溫暖且友善」、「忍受」、「緊張且冷淡」來描述自己個別與父母的關係。表示與母親的關係為緊張且冷淡的受試者，相較於描述其關係為溫暖且友善的人，前者有九一％、後者僅有四五％的人——少於一半——在中年時診斷出嚴重的健康問題（像是癌症、冠狀動脈疾病、高血壓等）。受試者描述與父親關係的研究中，也發現類似結果。相較於描述自己與父親的關係是溫暖且友善的五〇％，描述其關係為緊張且冷淡的受試者中，有八二％的人在中年時出現嚴重的健康問題。而報告自己與雙親的關係皆為緊張且冷淡的受試者，其結果讓人瞠目結舌：百分之百的受試者都有嚴重的健康問題。另一方面，描述與雙親關係為溫暖且友善的人，僅四七％的人有健康問題。

另外一項由約翰霍普金斯大學（John Hopkins University）執行的研究中，追蹤了一千一百位男性醫學生長達五十年，發現罹癌比例與他們認為自己與父母其中一位的親近程度有密切關聯。

我們與父母親不友好的關係，不僅會影響我們的身體健康，與母親的關係特別會成

為我們日後形成關係的模板。接下來的故事，可說明我們對母親難以處理的情感會如何投射在伴侶身上。

特瑞莎的故事

特瑞莎所有的關係都很短暫。沒有一段超過一或兩年。這時她即將離開現任伴侶。「他很冷漠也不貼心，」她抱怨道，「當我需要他，他從不在那裡。」特瑞莎沒有發現的是，她也以非常類似的方式描述母親。「她很疏離，使人感到難以親近。我從來無法向她尋得支持，她從未以我需要的方式愛我。」

特瑞莎對母親的排斥是她關係失敗的罪魁禍首。她和母親未解之事隱約浮現在她與伴侶的關係間，侵蝕了他們的聯繫與欲求的親密關係。

特瑞莎無法指出具體事件解釋為何她拒絕母親。然而，當我們一起探索，特瑞莎揭露了她的母親是如何描述自己的母親，也就是特瑞莎的外婆，她說她自私且令人難以親近。這個故事如此發展：外婆還是蹣跚學步的小孩時，因為生母過世而被送給阿姨撫養。她在新的家庭裡，總覺得自己是外來者，餘生的多數時刻都感到憤恨。特瑞莎終於了解自己母親缺乏溫暖的源頭。她第一次看見，自己無法從母親那裡得到需要的愛，僅僅只是複製了家庭模式。這個模式，至少迴盪在家族歷史中三代人之間。

隨著更深入了解她母親背後的故事，特瑞莎第一次發覺自己對母親的憐惜。特瑞莎修復了她們的關係，並立即能感覺到她和伴侶之間因此所受到的影響。她發現自己比較放下戒心了，也能保持開放並活在當下，即使是在處境困難的時刻。過去她總覺得受威脅、逃避，並退回自己的世界，現在已能清楚看見原本那些被隱藏的投射。

如果你和父母的關係緊張，別擔心。我提供的技巧可以幫助你修復聯繫。重要的是，不要期待你的父母會變成不一樣的人，改變的人是你。那不是魯莽地把自己丟到行駛中的火車前面，而是找到一條完成這趟旅程的最佳路線。

3. 你年幼時曾經歷與母親的聯繫斷裂嗎？

如果你拒絕母親，有可能是幼時和她建立聯繫的過程中遇到干擾。不是每個在年幼時期經歷斷裂的人，都會拒絕母親。假如這段期間的聯繫受到干擾，你在親密關係中試圖建立聯繫時，便有可能經歷某種程度的焦慮。這樣的焦慮也許會轉換成有維繫關係的困難，或甚至完全摒棄關係。它也或許會轉化成不生孩子的決定。表面上，你可能會抱怨養育孩子將花上太多時間與精力。再深入一點去想，你可能會覺得自己沒有能力為孩子提供你所錯過的東西。

前代母嬰聯繫的中斷，也可能影響你與母親的連結。你的母親或外婆曾經歷過與自

己母親聯繫的斷裂嗎？前代這些早期創傷的殘餘物，很有可能交留後代來經歷。不僅如此，你的母親也可能無法將她未曾從母親身上接受到的提供給你。

如果你與父母疏遠了，或他們已過世，你可能永遠也無法得知這些問題的答案，尤其當斷裂發生在你極年幼時。一般來說，早期的聯繫斷裂難以辨別，因為大腦還未裝備好以致無法檢索生命早期的經驗。海馬迴是大腦中負責形成、組織和儲存記憶的地方，它與前額葉（幫助我們解釋經驗的區域）的迴路，直到兩歲左右都還沒發展完全。其結果是，早期的分離創傷會以知覺、圖像和情緒的片段儲存下來，而非能夠組織出故事的清楚記憶。沒有故事，情緒和感知便很難被理解。

當你找尋早期斷裂的聯繫，可以問以下問題：

- 當你母親懷孕時，是否有創傷事件發生？她當時是否很焦慮、陷入憂鬱或壓力很大？
- 你母親懷孕期間，你父母的關係遭遇到什麼困難嗎？
- 你出生時有難產或你是早產兒嗎？
- 你母親是否罹患產後憂鬱症？

- 你在剛出生時曾與母親短暫分離嗎？
- 你是領養的孩子嗎？
- 你在出生後三年間，經歷過創傷或與母親分離嗎？
- 你或你的母親曾經住院並被迫分開嗎？（也許你需要住在保溫箱中，或你被移除了扁桃腺或接受其他醫療程序。又或是你的母親需要動手術或經歷懷孕併發症等等。）
- 你的母親在你出生後前三年中，是否經歷過創傷或情緒波動？
- 你的母親在你之前流產過或失去過孩子嗎？
- 你母親的注意力，是否因爲其他手足所帶來的創傷而被分散了？（晚期流產、死胎、死亡或醫療急救事件？）

有時候聯繫斷裂並非是生理上的。較多時候，我們是經歷了與母親之間的精神斷裂。她可能人在身邊，但情感疏離或是反覆無常。母親在孩子生命最初幾年所建立的存在與穩定性，對孩子的心理和情緒健康是有助益的。精神分析師海因茲·科胡特（Heinz Kohut）描述，當母親凝視孩子，「母親眼中的光芒」是如何成為讓孩子感到安心和肯定的媒介，並開始以健康的方式發展。

如果我們經歷了早期的母嬰聯繫斷裂，我們可能需要從母親的歷史以及自己的歷史中拼湊出特定線索。我們需要回顧並問：母親發生了什麼創傷事件而影響了她的注意力？她是在場還是心不在焉？當她撫摸我們、看我們的方式、對我們說話的語調，有任何的疏離感嗎？我在建立親密關係上有困難嗎？我會推開親密關係，封閉或逃離嗎？

蘇珊娜，一位有兩個孩子的三十歲母親，她一直在思考自己與母親的親近關係。從她有記憶開始，就不喜歡被母親擁抱。蘇珊娜還透露，自己和丈夫在身體上不親密。「擁抱會帶走你的精力。」蘇珊娜這麼說。蘇珊娜九個月大時，因為氣喘，獨自待在醫院兩個星期，與此同時，她的母親待在家照顧其他手足。那時起，蘇珊娜無意識地開始退縮，拒絕母親的愛。蘇珊娜只是保護自己免受傷害，避免再次被拋下。確知她排斥母親的根源至關重要。之後，蘇珊娜便能重拾她們之間斷裂的聯繫。

當孩子經歷過聯繫中斷，要重新與母親建立連結可能會使他猶豫不決。這種重拾聯繫的方式，也許會創造出日後在關係中建立聯繫與分離的藍圖。如果母親與孩子未能完全重建連結，孩子之後要試圖與伴侶建立關係時，便可能猶豫。重新建立連結若失敗，「無法解釋的親密感缺乏，會讓日常關係蒙上陰影。」心理學家大衛．張伯倫（David Chamberlain）說道，「親密感和真誠的友誼似乎遙不可及。」

嬰兒時期，我們認為母親是全部的世界，與她分離就像是失去生命。空虛與失落的

經驗，絕望與悵然的感受，相信某些事物對我們或生命本身來說是決然錯誤的——這些都可能因為早期分離而產生。太年幼以致無法處理創傷，我們的內在體驗到了感覺、信仰和身體知覺，卻無法和過往的故事連結起來。正是這些經驗使我們在生活中面臨許多傷害、失去、失望與斷裂。

童年時期的負面回憶

我們很多人只關心童年時期的痛苦回憶，而無法記得發生在我們身上正面的事情。當我們還是孩子，其實經歷著讓人安慰和不安的時刻。然而，讓人感到舒適的記憶，像是母親餵養我們、清洗我們或抱著我們入睡的回憶，卻被阻礙著無法浮上心頭。相反地，我們似乎只記得自己得不到需要的，沒有獲得足夠的愛的痛苦回憶。

這是有原因的。當我們還是孩子時，碰上安全感或保護受到威脅時，我們的身體便會建立防禦反應。這些無意識的防禦變成我們的基礎設定，將注意力轉向困難或不安的事情，而非記得讓人安慰的事。好似我們的正面回憶住在搆不著的城牆另一側。只能記得一側的事實，便真的相信沒什麼好事發生在我們身上。

好像我們重寫了歷史，只留下那些支持我們建構原始防衛機制的記憶。這些防禦伴隨我們太久，漸漸就變成了我們。潛意識的屏障底下，有一層深刻的渴望，冀求被父母

所愛。然而，許多人都無法再接觸到這些感受。當我們想起父母帶來的慈愛與溫柔，卻同時憶起會被再次傷害的脆弱與危險。而那帶給我們療癒的記憶，就是我們無意中阻擋下來的。

演化生物學家支持這個假定。他們描述人類的杏仁核（amygdala）大約有三分之二的神經元會用來搜尋威脅。其結果是，相較於讓人快樂的事情，讓人痛苦與害怕的事件更容易儲存在長期記憶中。科學家稱此基礎機制為「負向偏誤」（negativity bias），這完全說得通。我們之所以能生存下來，取決於能否篩選出潛在攻擊。「我們的心智就像是針對負向經驗的魔鬼氈，」神經心理學家里克．韓森說道（Rick Hanson），「而對正面經驗則像是不沾鍋。」

4. 你是否潛意識地認同、共感於某位家族成員，而非父母？

有時候，我們與父母的關係是強大而有愛的，但我們仍然發現無法解釋自己身負的艱難感受。我們經常假設問題源自於自身，唯有向內挖掘得夠深，才能找到源頭。直到我們發現真正觸發的事件來自於家族歷史，才能釋放不屬於我們的恐懼和感受——那是創傷的潛意識片段——我們卻以為是自己的。

陶德的故事

陶德九歲時，開始用筆戳刺沙發。那一年，他用棍子襲擊鄰居，那男孩的傷口縫了四十針。接下來很多年，陶德接受藥物及心理治療，但攻擊行為仍然持續。直到陶德的父親厄爾告訴我關於他自己父親的事，也就是他口中那厭惡的人，遺失的拼圖才逐漸浮出枱面。

陶德的祖父是一個暴力的人。他不僅毆打自己的孩子，還在酒吧鬥毆中捅死一個男人，卻未遭刑事指控，他一直自由自在地過著自己想要的生活。但他的後代卻不是如此，陶德，他的孫子，毫無戒備地承接了不屬於自己的暴力傾向。陶德與祖父共享了潛意識的連結，若不是陶德的父親回顧了家族過往，這個連結將一直隱而不顯。

我們一起探索的療程中，厄爾揭露了他父親的父親，也曾殺死一個男人。再前一代，他的曾祖父和其家人，被一個地主男爵和他的同夥殺死。這個模式開始產生意義，厄爾開始了解，他的父親只是家族暴力輪轉中的一齒輪罷了。

鏡頭拉遠之後，厄爾離開了，也許是生平第一次對父親感到憐憫。他告訴我，他希望父親還活著，如此便能和父親討論家族的故事。厄爾回家，和陶德分享了他知道的事。陶德仔細聽著。他們都直覺地認識到，在這訴說與傾聽之中有什麼東西終於安歇。這一感受是真實的。五個月後，厄爾撥電話給我，他告訴我，陶德不需再吃藥，行為也

不再暴力。

如果你潛意識中共感於家庭系統中的某人，你可能不會知道。這一共感是無意識的，以致你無法由自己發現其連結。你在本書初始讀到的傑斯和葛雷琴，便是承載共感於家族系統中的某人。接下來說到的梅根也是。

梅根的故事

梅根十九歲時與狄安結婚，並認為他們的關係會持續到永遠。當梅根二十五歲時，有一天，她坐在廚房桌前看著狄安，覺得自己變得麻木。她對狄安的感覺消失無蹤。幾週內，她申請離婚。意識到這突然消失的愛有違尋常，她尋求幫助。

我懷疑有個她無法得知的家庭故事在那兒，便開始探究。我們這麼做的時機很巧，梅根無法建立的連結其實顯而易見。梅根的外婆二十五歲時，她的人生摯愛，也就是梅根的外祖父，因為捕魚而落海淹死了。她獨自撫養梅根的母親成人，終生未再婚。她丈夫的猝死，是家族慘痛的悲劇。

這個故事對梅根來說太熟悉了，熟悉到她根本沒想過會對自己造成影響。當梅根了解她其實是在重複外婆的故事，重拾那突如其來的孤獨、深深的失落與麻木，她眨眨眼，揉了揉自己的臉。我留予她所有她需要的時間，深入領會這項認知。幾秒鐘後，她

急促地呼吸。再幾分鐘，她的呼吸始見悠長。她把拼圖拼了起來。「我感覺到奇異的盼望，」她說：「我得告訴狄安。」幾天後她打電話過來，告訴我她的內在有什麼改變了，她對狄安的感覺回來了。

以下的重申是重要的：不是我們表現出來的所有行為都源於自己。它們可能很簡單地屬於我們的前代家族成員，我們僅是替他們承接或分擔那樣的感受，我們稱之為「共感的感受」。

你是否共感於家族系統裡的某成員？

- 你的感覺、行爲、受的苦或贖的罪，或是承受的哀痛，是否與你之前的某位家族成員相似？
- 你有沒有在你的生活經歷中發現難以解釋的症狀、感受或行爲？
- 有沒有家庭成員因爲痛苦或罪疚，而不能愛上某人，或不能爲了逝去而表現出悲傷？
- 是否有人做了一些導致他們自己被家族摒棄的事情？
- 家族中是否存在創傷（父母、孩子或兄弟姊妹的早逝、遺棄、謀殺、犯罪，

或自殺等），因爲這件事太可怕、痛苦或恥辱而無法被談論？

- 你可能和某件事或某人連結起來，而這件事或這個人是家族成員不願提起的嗎？
- 你有可能重新經歷某位家庭成員的創傷，彷彿那是你自己的嗎？

這四個主題如何運作

讓我們考慮一個情境：首先，悲劇發生。一個兩歲孩子的哥哥突然過世，留下悲痛的父母，他因為年紀太小，無法理解發生什麼事。要想像這件事非常痛苦，但對這個倖存的孩子來說，這事件可能會引起一個或至多四個主題。舉例來說：

這個孩子可能會拒絕接受父親或母親。父親或母親的悲痛都可能讓他們其中一人失去活下去的意志。也許父親或母親開始喝酒以麻痺傷痛，或開始長時間不在家。也許相聚只會強化悲痛而無法承受。也許他們會認為是自己造成兒子死亡，因而責備自己。或者，暗地裡互相譴責。像是「你沒有找到對的醫生」或「你應該花更多時間小心照顧他」，這些怨懟可能在表面下醞釀，卻不會說出來。無論是什麼狀況，那個倖存的孩子

都會感覺到父母親惡化的情緒。這些憤怒、自我譴責、封閉自己，感覺起來都可能像世界突然崩毀或消失了。孩子的回應可能是武裝自己，或將身體從鋪天蓋地的情緒中分離，以保護自己。才兩歲，他不會知道這個悲劇的嚴重程度。失去父母的關注可能讓他很困惑，甚至可能是造成生命威脅。再過一段時日，他可能會因為自己感受到的傷害和疏離責備父母，而不是站在他們的立場去理解發生的事，同理他們的處境。

這個孩子可能經驗到與母親的連結斷裂。哥哥死亡的衝擊想必會使母親心碎。她悽惶而絕望，她可能會耗費數週或數個月沉浸於悲痛之中，打碎了她和兩歲孩子之間溫柔具生命力的連結。此類事件會破壞孩子至今為止所經歷的連結，並中斷了兩歲孩子身體與大腦重要的神經發展。那個年紀，他不會了解造成母親注意力轉移的悲劇有多嚴重。他只會感覺到，這一刻母親的愛熠熠閃亮，下一刻又消失無蹤。存在體內用來警示他的化學訊號可能在身體裡活躍，使他保持警戒。他可能會變得不信任她，害怕她的反覆無常，小心翼翼地擔心她可能隨時會從他身邊再次「消失」。

這個孩子可能會與父親或母親的痛苦融合。因為較年長的孩子死亡，年幼的孩子可能會感受到父母親的傷痛，以為那是自己的。悲痛的連鎖效應可能使整個家庭僵化。在想要和緩父母痛苦的盲目嘗試中，他也許會試圖背負母親的抑鬱或父親的悲痛，好像他有神奇的力量可以將它們帶走。那幾乎像是在說：「爸爸，媽媽，如果我分擔了你們的

痛苦，或是我替你們擔負痛苦，你們就會覺得好一些。」當然，他的企圖不會成功。這只會讓悲痛擴展到下一個世代。

分擔父母傷痛的孩子，通常是無意識地這麼做的。這種運作是來自於盲目的幻想，以為他們可以拯救父母。直覺地對父母忠誠，孩子通常會重複父母的憂傷，並重新經歷他們的不幸。這個忠誠的連結，就像海寧格說的，可能被數個世代背負著，使家庭的遺產演繹為不快樂的陰影。

這個孩子可能共感於死去的哥哥。當一個小孩死去，那條悲傷的毯子就會籠罩家庭。無法忍受的悲痛浪潮會阻擋活力與快樂的表現。活著的孩子可能會開始迴避悲痛的父母，避免讓他們更傷心。在試圖避免痛苦和無情的死亡中，家族成員可能嘗試不再去想死去的孩子，甚至不願再提他的名字。這麼一來，這個死去的孩子就被排除在外，此一舉措，則提供了豐饒的土壤，以利這一共感生根。

海寧格的教導中，系統裡較晚出生的孩子（甚至是下個世代較年幼的孩子）可能會表現出家庭所壓抑的。這表示那個年幼的孩子也許會發現自己很憂鬱或了無生趣，從自己的存在中抽離，有如他並不存在一般，就如同這個家庭看待他死去兄長的方式。活下來的孩子可能覺得他在家庭中被忽略或視而不見，或是他不重要或無所謂。他甚至可能出現他死去哥哥的特質，出現和他性向、個性、病痛或和創傷有關的某些面向。潛意識

中共感於死去的哥哥，他可能會發現自己減少了熱情，能接受的生命力受了侷限。那似乎感覺像是藉由沉默的同情而加入他死去手足的行列，倖存的孩子說：「因為你活不了，那麼我也將活得不完整。」

我曾為一個女人進行療程，她出生時，是哥哥死於胎中後不到一年。這個死去的孩子甚至還未起名，也未在家裡有一席之地。這個家庭說他們有兩個孩子，我的個案和較她年幼的妹妹。我的個案宣稱她只有一位手足，就是她妹妹。但她卻受苦於感覺不到歸屬。「我覺得自己是這個家的外人，」她說：「好像我無處安身。」雖然沒有辦法知道這是不是真的，但她似乎擔負著哥哥被家庭排除的體驗。診療之後，她說那個毫無歸屬的感覺消解了。

像這樣的共感，可能顯著改變我們生命的過程。毫不懷疑、一無所察，我們重新活在我們家族創傷的某些面向中，並發生令人瞠目結舌的後果。這些經驗並非少見。我們很多人不知不覺同情那些遭遇艱苦創傷的家族成員。當我們因為痛苦而困惑，我們必須自問：我實際上活出的感受到底是誰的？

核心語言地圖的四個技巧

處理創傷最大的障礙之一，是那源頭隱而不顯。若無脈絡可了解自己的感受，我們通常會不曉得該怎麼進行下一步。核心語言能夠促使創傷的源頭浮出枱面，我們便能從不斷重複活在過往的模式中掙脫開來。

接下來幾頁，你會開始構築你自己的核心語言地圖。你將使用你自己的語言、你說的話，一步一步進行這個過程，幫助你標示出那些你難以解釋之感受的根源。

構築你的核心語言地圖需要四個步驟。每一步，你都會被授與一個新的技巧。每個技巧都是設計來讀取新的資訊。這些技巧如下：

1. 核心控訴（The Core Complaint）
2. 核心描述（The Core Descriptors）
3. 核心句子（The Core Sentence）
4. 核心創傷（The Core Trauma）

下一章，你將會學習在你的核心控訴中聽出線索。你會學著分析並解碼哪些屬於你，哪些屬於你的家族歷史。這麼做，你將開始撥開過往創傷的迷霧，並學習將與之相關的感受和症狀置於合適的歷史脈絡中。

第二部　核心語言地圖

第六章 核心控訴

當內在的狀態非由意識組成，它就會如同命運般發生於外在。

——卡爾．榮格，《自我與自性》（*Aion: Researches into the Phenomenology of the Self*）

我們用來描述擔心和掙扎的詞語，其實說出比我們想像中更多線索，卻沒什麼人想到去注意。這一章中，你會開始建構你的核心語言地圖。你會學到如何跟隨你的詞語，它們是一條充滿線索的道路，引導你走至你恐懼的源頭。這條語言的道路上，核心控訴是第一站。那可能是未經檢視的財富寶庫。核心控訴可能甚至埋藏著你想獲得解方的種子。只是需要向內探索。

為了聽到我們日常語言中的核心控訴，得在我們的話語結構中，找尋最深層的情緒線索。我們傾聽，以尋找和這些情緒產生最強共鳴的詞語。有時候，會有一種讓人虛弱

的恐懼囚禁著我們。有時候，我們會迫切地需索，或被討要某樣東西。有時候就只是很巨大的痛苦。五十五歲的工程師鮑伯，每當覺得焦慮和孤單，他總會說：「為什麼每個人都離開我呢？為什麼我不夠好？」

有時候我們聽到的詞語或句子，有它們自己的生命。在喬安的抱怨中，她說她的母親總是稱她為家庭中「極令人失望的」。她主要會抱怨自己和母親不夠親近，她們之間的距離和苛刻言詞，是造成她極大痛苦和空虛的源頭。

當她向前回溯世代的層層痛苦，她明白那覺得自己是家族中「極令人失望的」感受其實屬於她外婆，而不是她的。

這個故事是這樣的，當她外婆是個十五歲的女孩，愛上了他們愛爾蘭小村莊中的已婚男子。她懷孕了，但男人拒絕承擔責任。後來她被趕出家門，帶著羞愧過著下半輩子，變成單親媽媽，替人清掃房子維生，撫養女兒長大。她的外婆終生未婚，也逃不開自己因為生下非婚生女兒為家族帶來的恥辱。

儘管她外婆從未說過「極令人失望的」，這幾個字卻在三個女人之間共振迴盪。當她外婆被家裡驅逐，她便活在那之中。她的母親也活在這幾個字裡，覺得自己非婚生子女的身分毀了媽媽的人生。兩代之後，身為孫女的她也共享了這些情緒，覺得她讓母親失望。

喬安的核心控訴之中所謂「極令人失望的」一旦被探究了，便帶給她平靜與理解。她開始意識到，她母親對她的否定從來不是針對她個人，儘管這些話是直接對著她說。現在當她聽到這些話，這些字眼在她心裡喚醒了對母親及外婆的愛與同情，並想著她們在愛爾蘭曾有過的艱苦生活。

分析核心控訴時，不只是去看自己說出的言語，還要觀察我們實質的、身體的語言。我們也要特別仔細關注那些因為怪異或不尋常，而特別顯眼的症狀和行為。以下卡森的例子，二十六歲的消防員，則用身體和語言表達了他的恐懼。

當卡森二十四歲，他的車子擦邊撞上了懸崖的防護欄，幾乎翻下山谷。突然間，他又能重新掌控車子，並安全地繼續前往目的地。但他對生活的控制感卻消失無蹤。那天起，卡森每日都會恐慌發作（panic attacks），再加上不安和頭暈目眩。那感覺很清楚：如果他死了，他的生命便一無所是。具體而言，他的核心控訴是：「如果我死了，我不會留下任何傳承，沒有人會記得我。我會完全消失，好似從來不曾存在。我不會好好被人們記住。」關於卡森的遺憾，奇怪的地方是，那竟來自一個二十六歲的男子。卡森的人生幾乎還不算開始，他卻悲嘆著一輩子的遺憾。當中有什麼事情不太對勁。

當我們檢視核心控訴的詞語，我們要隱隱相信那些字，卻不要太相信脈絡。那些字之於某個人定是千真萬確，但不屬於我們，要能夠找到那個人，我們必須要掀開簾子，

窺進家族的歷史。

對卡森來說，那隱遁的某個人是他父親。卡森的父親和他母親喧喧鬧鬧離婚後，被要求放棄對卡森的撫養權，當時卡森才四歲。又經過一段很長時間監護權爭奪之戰，他的父親認輸了，卡森再也不能見到父親。卡森不僅聽他母親說著貶低父親的話，還被母親的新丈夫收養了，有了新的姓氏。

我們再來看卡森核心控訴裡的字句，「我不會留下任何傳承，沒有人會記得我。我會完全消失，好似從來不曾存在。我不會好好被人們記住。」

卡森的故事現在有了新的意義。卡森融合了他父親失去活生生的「傳承」——他的兒子——之現實，用一種很隱晦的方式和缺席的父親站在一起。他和父親共享了那痛苦的經驗，害怕他自己也會突然消失、被人遺忘。

發現了他核心控訴的根源，卡森決定要找到父親並恢復聯繫。他的父親已經搬離家鄉，和第二任妻子與三個孩子共組家庭。他聽到卡森的消息後欣喜若狂，二十年前失去大兒子的空虛感還在他心裡，「給鑿了個洞」，他這麼形容自己的心情給卡森聽。有什麼可感知到的東西，雖然深深沉埋，也還在卡森心裡。那是他對父親的愛。

如諺語所說：「歷史是由勝利者所寫下」，而勝利之後仍能繼續訴說的人持續寫著。無論這個故事有多扭曲或片面，極少有人會去質疑，若由另一個人說故事，故事會

是什麼樣子。卡森的例子，他的母親是勝利者，父親是失敗者，因為這一路上他沒有撫養兒子。雖然雙方都爭奪了孩子撫養權，但因為不知名的原因，父親輸了。

卡森意識到，這些年來，母親訴說關於父親的負面故事，籠罩了他對父親的早年記憶。接下來幾個月，卡森和父親創造了新的故事。他們去山上露營了幾次，也去釣魚，好像卡森小時候他們經常一起做的。那段時間裡，卡森的恐慌發作完全消失無蹤。父子倆共同鍛造了新的、重要的記憶以傳承下去。

現在，這是你的第一個書寫練習。拿起你的筆和紙或筆記本，我們開始吧。

寫作練習一：探索你的核心控訴

1. 專注在對你現在的人生來說最緊迫的問題上。有可能是你的健康、工作或關係的問題，任何會破壞你安危、平靜、安全感或幸福感的問題。
2. 你最想治癒的深沉問題是什麼？也許是一個讓你不堪負荷的問題。也許是一個你一直都有的症狀或是感覺。
3. 你想看到什麼改變？
4. 不要修正自己。

5. 寫下你覺得重要的事。
6. 寫下飄進來的思緒。舉例來說，你可能擔負著恐懼，擔心將來會有什麼不幸發生在你身上。不要擔心結果會是什麼，繼續寫就對了。
7. 如果什麼都沒想到，回答這個問題就好：如果你現在有的這個感覺、症狀或狀況永遠不會消失，你擔心什麼事會發生在你身上？
8. 如果沒寫下你最急迫的擔憂，不要繼續閱讀下去。

現在看看你寫下了什麼。當你閱讀它，不要太仔細，避免讓自己陷入。不要被字句或是感覺給絆住了。掃描它，但不要感覺到情緒。你要尋找看來不尋常或怪異以致特別突出的詞語或字句。舉例來說，你最常說的是哪些詞語或是字句，或是你在這個寫作練習之前從未說過的？什麼樣的詞語跳進眼簾？什麼樣的詞語引起你注意？

現在再讀一次。但這一次，唸出來給自己聽。試著用新的耳朵聆聽，不要感覺到情緒。我稱這樣的聆聽為「用我們後設的耳朵來聽」或是「用第三隻耳朵來聽」，有什麼詞語或句子含有緊急的本質？什麼詞語表現出強烈的情緒共振或戲劇化的感受？什麼詞語很陌生或古怪？哪些詞語和你的生活經驗脈絡完全脫節？

看看你是否像是聆聽他人所寫一樣，聆聽自己寫下的內容。也許這些詞語的確是屬於別人，你僅是給了它們一個聲音。也許這些詞語屬於你的某個家族成員，因為他們受創，不能為自己發聲。也許透過你的控訴，你是在說這個人的故事，好像是卡森共享父親煩擾的方式。

盡可能地深入聆聽那寫作中抓住你的東西。這種形式的聆聽，是你在聽**故事線的弦外之音**，使那必要的東西浮現。如果你迷失在故事的情緒元素中，你便可能錯失核心的控訴。

以下是伯特．海寧格對這類聆聽的描述。

我將描述當我和個案一起探索時發生的事。當他告訴我一些和他自己有關的事情，我只聽一半。我不想聽他確切說了什麼，也不想知道他確切說了什麼。因此我不全神貫注仔細聽，但是這剛好足夠我看見更完整的全貌。接著，突然間他說了一個字而警示燈響起……突然間，在他所有說的東西之上，那個詞語對著我說話。這個詞具有能量。雖然我不確切知道能做什麼，但我知道這是我可以做些什麼的地方。如果我允許這個詞語影響我，那麼我便能感覺到某個人（對解方來說）是必要的。

珊蒂說：「我快要死了。」

現在，跟著我一起剖析珊蒂的核心控訴。珊蒂像葛雷琴一樣，是有著猶太人大屠殺歷史根源的孩子。身為猶太人大屠殺倖存者的孩子，珊蒂期望獲得幫助，好得知自己對於死亡那不堪負荷的恐懼，於是我們探索了她的核心語言。

她描述自己恐懼的「不是死亡本身，而是我知道自己有天將死，但沒有事情能停下那過程。那完全在我的控制之外」。

同時，也需要處理令珊蒂感到衰弱的密閉空間恐懼，幽閉恐懼讓她無法搭飛機也無法搭電梯。每當電梯的門關上，或是飛機裡滿是乘客，或是每當「我和出口之間擋著人牆」，便有一深深恐懼襲來。她的核心控訴道盡全部，「我無法呼吸，我出不去，我快要死了。」

珊蒂十九歲時，開始出現幽閉恐懼和不能呼吸的感覺。她的父親也同是十九歲時，雙親和妹妹都在奧許維茲集中營的毒氣室裡窒息而死。十年前，珊蒂的父親過世，她的症狀更惡化了。雖然這其中的連結對我來說再明顯不過，因為我診療過很多猶太人大屠殺的受害者與倖存者的後代，但是珊蒂從未將它們連起來。她其實背負著祖父母與姑姑

的恐慌襲擊。也許她甚至背負著父親作為家庭裡唯一倖存者的罪咎。

再來看看珊蒂的核心語言：「**我知道自己有天將死，但沒有事情能停下那過程。那完全在我的控制之外。**」

很顯然，她的姑姑和祖父母在死亡集中營裡或被領至毒氣室時，定是這樣的感覺。一旦進入毒氣室，他們任一個人都可能感覺到「**我和出口之間擋著人牆**」，然後那無法理解的恐慌便進駐。珊蒂的核心語言揭示了悲劇的後果：「**我無法呼吸，我出不去，我快要死了。**」這一連結現在對珊蒂來說很明顯了。前人的恐慌一直在她的內在發出聲音。儘管她知道家族中的悲慘事件，卻從來不認為自己可能承接了不屬於她的痛苦。現在真相大白了。

診療過程中，我請珊蒂想像姑姑和祖父母站在她面前。我請她對他們說話。在我的敦促之下，珊蒂告訴他們，「我和你們一樣被嚇壞了。我現在知道這個恐慌原來不屬於我。我明白即使擔負了這些也無法幫助你們，更顯然幫助不了我自己。我知道這不是你們要的。我也知道當你們看到我焦慮，也會讓你們煩憂。所以我把焦慮還予你，奶奶，也還給你，爺爺，還有莎拉姑姑。」在她想像的影像裡，他們三人朝她微笑並祝福她快樂，她的眼眶裡有淚水打轉。珊蒂想像自己的身體滿溢他們給予的愛。終於，珊蒂能準確定位她對幽閉及死亡的恐懼源頭，她能感覺恐懼的重量逐漸消失。

蘿瑞納：「我快瘋了。」

許多人會懼怕將來會有什麼嚴重的事發生在自己身上。這樣的恐懼通常會顯露於核心控訴中。

蘿瑞納十九歲，在社交場合中受苦於焦慮症和恐慌發作。她用「受困」來描述這樣的感受，而且無論身邊是否有朋友陪伴，她都覺得「逃不出去」。三年前她第一次注意到這樣的焦慮，也差不多在這麼長的時間裡，她苦於無法緩解的膀胱炎。她回憶自己找了許多醫生，卻沒有一位開的藥能減輕症狀。

蘿瑞納述說著罹患膀胱炎最可怕的部分。她最糟的擔憂是沒有方法也沒有人能幫助自己，膀胱炎永遠不會消失。但膀胱炎的確好了，她的焦慮卻持續翻湧。

以下是我們開展的對話。

馬克：「如果膀胱炎永遠沒有消失呢？」

蘿瑞納：「我會很痛苦。我會很沮喪。我會一直去看醫生。我會被限制住。我不會快樂。我不會成功。我會永遠這麼焦慮。我會變成一個失敗者。」

當你聽到蘿瑞納的核心語言，有沒有哪些字詞跳出來？例如說「被限制」或「失敗者」？注意，這些字詞會帶我們超越膀胱炎而進入新的方向。先等一下，我們先暫停自己可能對蘿瑞納和膀胱炎抱持的想法，讓這些字詞領導我們。

蘿瑞納快要接近她的核心語言了，但還差一點。為了幫她更深入挖掘，我請她描述，對其他人來說，可能發生什麼最糟的事。當我們試圖描述自己最深的恐懼卻陷入僵局，這時就退後幾步，想像在他人身上可能發生什麼最糟的事情，通常很有幫助。注意，對蘿瑞納來說，有什麼浮現了。

馬克：「對其他人來說，不是對你，可能發生最糟的事情是什麼？」

蘿瑞納：「他們沒有成功。他們不快樂。他們做不了自己想做的事情。他們會瘋掉。他們會與世隔絕。他們會被送進精神病院最後自殺。」

這些字的影響力呢？「瘋掉」、「被送進精神病院」、「自殺」。

總和這些事情，看看會發現什麼。我們現在有一個「失敗者」「被限制住」而且「瘋掉了」，然後被送進精神病院，在那裡面，他或她最後「自殺」了。也許你會自

問，這些訊息到底打哪來的。我們來找出答案。

一層一層掀開這些核心控訴，蘿瑞納揭示了她最深的恐懼，直接了當挖進她的核心句子。你會在第八章學到更多和核心句子相關的東西。

蘿瑞納的核心句子：「我會變成一個失敗者。我會瘋掉被送進精神病院，最後自殺。」

跟隨她核心語言地圖的過程中，蘿瑞納同時也揭露了她家族歷史中關鍵的創傷。讓我們翻開蘿瑞納的家族相本，並讓她用以描述最深恐懼的詞語領導我們。她描述最強烈恐懼的語言，可以轉變成家族歷史的問題，這個問題帶領我們到核心語言地圖的下一站。我稱這種類型的問題為**橋接問題**（bridging question）。

蘿瑞納的橋接問題：「你的家族中有誰被認為是失敗者，而且被送進精神病院，最後自殺了？」

正中紅心！蘿瑞納的外公，她母親的爸爸不受尊重，被視為家族中的失敗者。數度進出精神病院。他在長期住院而缺乏自理能力的某一天自殺了。下一代，蘿瑞納的阿姨，她母親的姊姊，也不被家族認可而稱之為「瘋了的失敗者」。她也數次進出精神病院。整個家族都因為她阿姨的行為而感羞辱，很少提及她。雖然沒人承認，但家裡的人也期待她會像她父親一樣自殺。

當家庭成員過著不幸生活或受苦於極端艱困的命運，比起因為愛他們而感覺痛苦，拒絕他們相對容易許多。相較於悲傷，憤怒通常是比較容易被接受的情緒。在這個例子中，是關於家族如何憤怒地對待她阿姨。拒絕她比愛她來得容易。

如同我們在第三章所學，被拒絕的家族成員的命運通常會重複。這個例子是被拒絕的「失敗者」外公，和下一代被拒絕的「失敗者」阿姨。現在蘿瑞納也與他們組成「失敗者」三連線，使得痛苦延伸到第三代。

家庭中的自殺事件可能會讓悲傷變得極困難。用這樣極度悲慘的方式結束生命的人，家族成員通常都會對其感到憤怒。自殺意味著羞恥、困窘、駭人的形象、未解之事、經濟債務和宗教上的不確定性，都留給家庭去處理。

蘿瑞納的命運若隱若現，但還未定型。一旦她了解了自己擔負的恐懼不是源於自身，便能將這些恐懼交還給真正的擁有者。我請她想像外公和阿姨站在面前。蘿瑞納很自然地表達了對他們真切的愛。她想像他們衷心支持她過得好，她深深吐氣，將焦慮從身體呼出體外，還給他們。她這樣呼吸了好幾分鐘，說著她的身體輕多了，也更平和。她向他們祈請祝福，讓自己有快樂的人生，雖然他們的人生不快樂。她知道背負他們的焦慮沒有意義，這麼做只會為家族帶來更多痛苦。她答應他們不會再擔負了，並想像未來可能讓她焦慮的情況，她再吐氣，又一次交還剩餘的焦慮。經過這次診療，蘿瑞納從

那啃噬她的恐慌中釋放了。

當被問到神經可塑性的研究如何和我的臨床經驗相關，我常想到蘿瑞納。她能夠從被焦慮主導的情況下，轉變成平靜、平衡的狀態，這生動地說明了個人家族歷史和當代意識能夠以優雅的方式融合在一起。一旦建立了關鍵的連結，我們練習專注於療癒的圖像和經驗，就是為新的神經迴路奠定基礎，治癒便能有驚人的成效。

如同指南針的核心語言

有時候，我們核心控訴的核心語言如此引人注目，迫使我們挖掘家族埋葬之地以尋求答案。但通常，我們尋求的家族歷史並沒有準備好被取用。它們被羞辱給掩飾，被痛苦給推開，或以家族祕密的形式受到保護，這些訊息都不太可能是餐桌上會談論的話題。有時候，我們知道自己問題的背後是創傷歷史，我們只是不容易將其連結到自己眼前的經驗。

我們核心控訴的核心語言，會如同指南針般引導我們，穿越一代一代不能解釋的家族煩擾。在那裡，創傷事件可能正等著被記得或被探索，以求終能安歇。以下是一連串能幫助你挖掘核心控訴之核心語言的問題。盡可能詳細回答每一個問題，保持心胸開

放，不要修正自己的反應。這些問題的答案，可能會照亮你眼前問題和家族歷史創傷之間的聯繫。

寫作練習二：十個產生核心語言的問題

1. 當你首次出現症狀或問題，生活中發生了什麼事？
2. 在那開始之前，發生了什麼事？
3. 當症狀或問題第一次出現時你幾歲？
4. 你的家族中有人在相同年紀發生創傷事件嗎？
5. 那個問題中究竟發生了什麼事？
6. 在最糟的狀況下，你的感覺像什麼？
7. 在你這麼感覺，或出現症狀之前，發生了什麼？
8. 什麼讓狀況變好或變糟？
9. 這個問題或症狀使你無法做到什麼？又或它迫使你做什麼？
10. 如果這個感覺或症狀永遠不會消失，可能在你身上發生最糟糕的事是什麼？

現在讀讀你寫下的答案。以下是我觀察到家族中重複的主題。你能夠看出家庭中曾發生任何一個主題嗎？

- **重複的語言：**
  有沒有哪些語言似乎不符合你的生活經驗？若是如此，這種語言是否屬於你家族中的某個人？
- **重複的年齡：**
  你首次出現症狀或問題時的年齡，與家庭成員在掙扎或受苦時的年齡是否有關？舉例來說，如果你的父親或母親過世時很年輕，你在相似年紀時，可能某個程度會發展出限制你生活的問題或症狀。那是無意識的，你很難在越過那個年紀之後感覺快樂，或活得完整。當你的孩子長到你失怙或失恃的年紀時，你的問題及症狀很可能在他或她身上出現。
- **重複的事件：**
  當我們達到生活中某個里程碑，有時恐懼、焦慮或其他症狀會無預警襲擊。我們結

婚或生小孩。我們被伴侶拒絕或離開父母的家。突然間，好像有一個預先設定的鬧鐘開始在我們內裡響起，症狀開始出現。這種情況發生時，我們得問自己，我們家族中有人在經歷類似事件時，也遭受類似的苦難或掙扎嗎？

・重複的情緒、行為和症狀：

試著回想，是什麼引發了你的問題或症狀？那背後發生了什麼事？有人離開你嗎？你是否感到被輕視、被拒絕或被遺棄？發生了什麼事讓你想放棄或想退出？你的問題或症狀，是否模仿或重現了童年時期的某種體驗與情境？它與你家族史中的事件有什麼相似之處？它是否和你母親、父親、祖母或祖父發生的事情相似？

挖掘家族連結時，這些問題的答案能夠揭示關鍵線索。

控訴和症狀是解決問題的線索

控訴和症狀試圖表達什麼特殊的暗示或必要的訊息嗎？當我們跳出框架，你的控訴和症狀可能是具創造力的表達，可引領你完成、治療、整合某些事情，或從某些事情跳

脫開來——可能是那些你背負著，卻從來不屬於你的感覺。

也許你的症狀或問題迫使你踏出了從未走過的一步，那個你不再能忽視的一步。也許你是被請求，去完成一個你幼時被打斷的發展階段。也許你的症狀或問題重製了無助的狀態，讓你和父母更靠近。或是相反地，你的症狀或問題迫使你成長並獨立於他們。也許向你展示的，是你需要去完成一項功課，或跟隨一條你原本背棄的道路。也許你一直忽略某個部分的自己其實年幼且支離破碎，就交由症狀表達出來了。也許你忽視了那再也不能視而不見的個人界線。

我們的症狀或控訴，透過迫使自己面對長久以來壓抑的感覺，也可能引領我們修補關係，或幫助我們治癒個人創傷。這不僅賦予我們洞察力，看進從未被完全解決的家族創傷，它也可能讓我們了解自己所背負的罪咎，甚至為和解尋找出路。

我們的控訴、症狀和問題的功能，可能是指示我們朝向某些懸而未解之事的路標，幫助我們揭示原本看不見、無法與家族中被拒絕的某人或某事連結起來之事物。當我們停下腳步探索，那未解的可能就浮出表面，為我們的療癒過程添上嶄新向度。我們便能感覺更加完全與完整。

第七章
核心描述

字詞，如同大自然，半昭半隱著靈魂。

——阿佛烈，丁尼生爵士（Alfred, Lord Tennyson），〈悼念集〉（In Memoriam A.H.H.）

我們對父母的感受，是認識自己的門扉。它們也是進入第五章中提到那四個潛意識主題的入口，幫助我們標定哪一項運行於我們的生活之中。這一章，你會被要求去描述你的親生父母親。這麼做，會讓你從自己的反應中釋放。當你進行以下練習，很可能會更了解自己一點，而不是更了解父母。如果你從未見過親生父親或母親，請繼續閱讀下一章。

描述母親

花點時間描述在你成長過程中的母親。她是怎麼樣的一個人？你立即想到的是什麼形容詞或字句？她溫暖嗎？慈愛嗎？冷淡？疏離？快樂？悲傷？她常擁抱你還是很少這麼做呢？拿出筆記本，寫下你最原始的念頭、最先想到的字詞。

寫作練習三：描述你的母親

我的母親是……

也寫下你對她的責難。

我責怪母親，因爲……

寫下所有的事。不要寫在腦袋裡。寫下這些向你浮現的字詞是必要的。

描述父親

現在把對象換成父親。你會怎麼形容他呢？他和善嗎？隨和？嚴厲？挑剔？他是親密還是不親密呢？寫下所有的事。控制住你想修正的衝動。

寫作練習四：描述你的父親

我的父親是……

也寫下你對他的責難。

我責怪父親，因爲……

你在寫作的流動當中，你可能會想描述自己的親密伴侶，或是親近的朋友，甚至是你的老闆。

寫作練習五：描述你的伴侶、親近的朋友或老闆

我的伴侶、親近的朋友或老闆是……

我責怪他或她，因爲……

現在，我們來看看你剛才寫下的字裡行間透露了什麼訊息。我稱這些自發性的、「臨時起意的」形容詞和字句為核心描述。這些描述是進入潛意識感受的門扉，揭露自己對父母那些可能連我們都無法察覺的感受。

寫下這些臨時起意的形容詞和字句，給我們機會繞過已被成人思維理性調校過的童年故事。這樣的書寫中，我們真實的態度會聚焦，且避開慣常使用的篩選和過濾機制。這張描述清單可聯繫起自己與潛意識裡和父母共享的忠誠和同盟關係。更可進一步揭露我們是如何拒絕自己的父親或母親，甚至同時拒絕了他們二者。或者我們又是如何承接了父母的特定行為，即使我們早已認定那是父母的負面特質。這份描述不會撒謊，因為它來自我們所攜載的內在圖像（inner images），這份圖像久遠前便已成形，也許是為了保護自己不再感覺傷害。

當我們還小，我們的身體便如登錄器那樣運作，接收訊息並編入年史儲存成當下的感受狀態。這份形容詞列表帶我們回到那樣的狀態，及其伴隨的圖像。這些形容詞是重要的，因為它標記出妨礙我們前行的陳舊圖像。

很多人留存的圖像是痛苦的，或那圖像是父母給予得不夠，又或是我們沒有獲得自己需要的。若放任這些圖像，它們便可能導引我們的人生進程，形成人生將如何繼續的藍圖。這些圖像同時是不完整的，至關重要的真相缺失了。是什麼創傷事件隱匿在這些圖像背後，其影響力強大到阻撓了家庭裡愛的流動？

再來看看你寫下的字詞。這裡面還留有你對父母親的厭惡嗎？有指責嗎？如果是這樣，那麼你可能已經體驗到，這些你對父母親的抱怨，和你對另一半或至交的抱怨其實是一樣的。通常，我們對父母親不滿意的地方會投射在伴侶或摯友身上。我們對父母那些未解的事並不會自動消失，反倒會變成模板，以塑造我們之後的關係。

如果我們和父母的關係難解，我們寫下的這份核心描述，便會暴露出那些被隱藏的厭惡感。當我們不滿，它就會侵蝕內在的安寧。感覺父母親（特別是母親）給予不夠的人，時常覺得我們在人生中得到的不夠。

當我們和父母的關係是親密的，寫下的核心描述會顯露出自己對父母之溫暖和同理的感受。當我們對父母的感受是正面的，我們也會對生命充滿希望，並相信好事會接踵

而來。

有時候，這些核心描述會是混合的感受。大部分的狀況下，人們對父母親的感受會迥然相異，但是這些核心語言中，會有一主題或基本的線索因為懸而未解，以致被彰顯出來。這正是我們要找的。對某些人來說，我們仍感覺父母親的行為是對我們自身的攻擊或拒絕。

長女：「寂寞，悲傷，挫折，嚴厲，暴力，她的脾氣很差。」

次女：「殘忍，報復心強，情緒虐待。」

長女的話語中，對母親的描述僅僅是實情。但在次女的描述裡，可看出她的痛苦仍未消解，並以指責和評斷母親的形式擔負著。對次女來說，她母親的行為被解讀成是針對她而來的。次女覺得自己被挑毛病，長女卻只是在陳述事實，關於母親可能是暴烈且壞脾氣的，不過仍然可能和她和解。第二個女兒認為母親是刻意對她殘忍，很顯然沒有和母親和解。

人們只能想像這兩個女兒的生活經驗有多不相同。雖然擁有同一位母親，她們心裡卻各自擔負著不同版本的母親。二女兒經驗到的人生是殘忍且惡意的，她感覺情緒疲

憊、不被支持，大部分時候都是孤身一人。

有時候我們能夠感受對父母其中一方的愛，卻感受不到對另一方的。金喜歡父親多過母親，控訴她的母親「幼稚，像個小女孩。我不能指望她任何事」。相反地，她對父親的核心描述卻熱情洋溢，「爸爸不得了。我們做什麼事都一起。我永遠能向他尋求安慰和照顧。他早就應該離開我媽了。他從來不能從她那裡獲得需要的愛。」

在金對母親的怨恨之下，湧動著深重的傷害。再加上她希望父親離開母親的背叛感覺，金的空虛和孤獨感滲入核心語言。

當我們引起父親與母親的戰爭，實際上是對抗了自己存在的根源，而無意識中在我們心裡創造裂痕。我們忘記了，自己有一半來自母親，一半來自父親。金的憤恨只會助長她的自我厭惡和內心不安。她要逃離這個監獄的唯一方法，是自我覺察。

許多人太過執迷於相信是父母對我們做了某事，所以毀了我們的人生。我們一直允許這些無論是準確或扭曲的記憶，掩蓋了父母給我們的恩典。父母在成為父母的過程中，無意間造成孩子痛苦。這無可避免。問題不是父母對我們做了什麼，問題是我們如何將其留存下來。一般來說，當父母傷害我們，那不是故意的。很多人覺得我們沒有從父母那裡獲得某些東西，但和父母和解，意味著我們在已得與未得之間安歇。當我們這樣看待自己所收受的，我們便能從父母那裡獲得力量。縱使不那麼容易展現出來，但他

們只是要交予我們最好的。

從早期聯繫斷裂而來的常見核心描述

很多人早期經歷了與母親分離，或與母親的聯繫中斷，並掙扎著無法獲得安寧，卻仍能感覺到我們腳下的堅實基礎。以下是一些常見的核心描述，來自於早期與母親聯繫斷裂的人。

- 「媽媽冷淡而疏離。她從未牽著我。我完全不相信她。」
- 「媽媽總是太忙碌，忙到沒有時間陪我。」
- 「我和媽媽非常親密。她就像是需要我照顧的妹妹。」
- 「我的母親虛弱易碎。我比她強壯多了。」
- 「我不想變成母親的負擔。」
- 「我的母親很疏離，情緒不穩定，而且很挑剔。」
- 「她總是推開我，她根本不在乎我。」
- 「我們真的沒有聯繫。」
- 「我覺得和外婆比較親，她才是給我母愛的人。」

- 「我的母親完全以自我為中心，什麼都跟她有關。她從未給我任何愛。」
- 「她可以是非常擅於心計和操縱人的人，我和她在一起感到不安全。」
- 「我怕她，我從來不知道下一秒會發生什麼事。」
- 「我和她不親，她沒有母愛，她不像媽媽。」
- 「我從來不想要孩子，我心中從來就沒有過這種母性的感覺。」

你能夠聽到這些核心描述裡的痛苦嗎？第十一章，我們將詳細探討分離的核心語言，以及如何重建我們與母親的關係。

很重要的是，我們可以注意到，不是每個經歷早期母嬰連結斷裂的人，都會對自己的母親感到憤恨。通常這位母親都是深深被愛著、被信任的。有時候，在連結斷裂之後，孩子會在不知不覺間，拒絕接受母親的教養，反而是企圖照顧母親，以求得與她連結的方式。

有時候這個斷裂出現得太早，以致沒有對此經驗的認知記憶。然而，當關係中經歷連結或感覺疏離時，就可能觸發關於此種分離的身體記憶。我們根本不知道為什麼，卻因為恐慌、分裂、麻木、疏離、挫敗和湮滅的感覺而不堪負荷。

核心描述中的情緒電荷

含括在你核心描述中的情緒電荷，有可能像氣壓計一樣，能夠指出你所需要的治療。一般來說，負向電荷愈強，治療的進行方向愈清晰。你要尋找含有顯著情緒電荷的字詞。

感受以下這些字詞，這是一位二十七歲男子描述他酗酒的父親。「我父親是個酒鬼。他完全沒用。他是個白痴，完完全全的失敗者。他從沒為我母親或我們這些孩子做什麼，他對她惡言相向又暴力。我對他沒有一點尊重。」

在「酒鬼」和「沒用」這種字眼底下，或是「白痴」與「失敗者」之下，你可以感受到兒子受的傷。這男孩的憤怒和麻木只是表象。相對於悲傷和痛苦，憤怒和麻木是更易於被接受的感受。這個核心中，當兒子看到父親喝酒，那感覺很可能是毀滅性的。

你也能從以下句子中，感知到他母親對父親的感受：「他從沒為我母親或我們這些孩子做什麼。」那個「沒用」和「從沒為我們做什麼」很可能是他母親的話。面對丈夫，她將自己封閉起來，也因此兒子幾乎不可能對父親敞開心胸。他的兒子在表面上對母親忠誠，但事實上，他共享了父親的困境。透過這種方式，他像父親一樣喝酒、對女

友暴怒，直到她和他分手，就像他母親拒絕丈夫那樣。如此一來，這個兒子不自覺暗中編排了與父親相連的地下通道，確保自己的人生不會比父親擁有的多。在他們的關係癒合前，他重複父親的苦痛。若讓父親回到他的生命，他才能較自由地做更健康的選擇。

如果父母親其中一位被拒絕或不受尊重，其中一個孩子通常就會出現那被拒絕的行為，以代表那位被拒絕的父親或母親。這個孩子用同樣的方式受苦，讓自己與那位父母相當。那孩子好似在說：「我也和你一樣經過這些，你就不用一個人承受了。」以這樣的方式表達忠誠。孩子將苦痛帶至下一代，而事情通常不會就此停下。

和父母和解是重要的。這麼做不僅帶給自己內在平靜，也能使和諧傳遞到後代。對父母柔軟、放下阻礙雙方的故事，才有可能停下那無意義重複的代代苦難。初始這可能很具挑戰性（甚至不可能），我一次一次目睹因為治癒了和父母的聯繫，以致產生預期之外的酬賞，包括在健康、關係和工作表現方面的積極效果。

移轉你心裡的父母圖像

1. 再次閱讀你的核心描述。這一次，把它們唸出來。
2. 換個方式聆聽。你聽到什麼新的東西嗎？

3. 那些帶有情緒電荷的字詞，指出你仍然對父母有未解的感受嗎？
4. 當你讀出描述，感受自己的身體。你的身體是緊張還是放鬆呢？你的呼吸如何？是流暢還是受阻？
5. 注意你心裡是不是有任何事需要移轉。

要重建你與父母的關係，那核心描述是寶貴的一步。無論你的父母還在世或已逝世。一旦你解讀了自己的核心描述，那些你對父母的負面感受、態度和評斷，才能終於移轉。要記得，你的字詞中擁有愈強大的情緒電荷，表示你的痛苦愈深。通常，沉睡於憤怒字詞中的，是悲傷。殺死你的不是悲傷，卻可能是憤怒。

你擁有的對父母親的圖像，可能會影響你活出的生命本質。好消息是，那內在圖像一旦揭露了，便可能改變。你不能改變父母，但可以改變你在心裡緊握的他們。

第八章

核心句子

就在你最害怕進入的洞穴，最終存有你尋找之物的源頭。

——約瑟夫．坎伯（Joseph Campbell），《坎伯生活美學》（*Reflections on the Art of Living*）

如果你掙扎於憂懼，或因為恐懼症、恐慌發作或強迫性思考而苦，那麼你也許太了解那受困於自己的內在牢籠是什麼滋味。你內心的艱難時刻，那不間斷的憂慮、不堪負荷的情緒和緊張不安的身體知覺，都可能讓你活得像在服無期徒刑，卻沒有任何審判或被定罪。恐懼和焦慮會壓縮你的世界，抽乾你的精力，妨礙你眼前的這一天，限制你前方的生活。這樣活著，可能讓人筋疲力盡。

找到一條出路比你想的要簡單。你只是需要「服」另一種不同的「生命徒刑」，這

徒刑[14]是由你最深的恐懼創造出來的，它甚至從你還是小孩子時就開始了。無論這徒刑是大聲或無聲地訴說，都可能會加深你的絕望。與此同時，它也可能領你走出囚禁的大門，轉而進入理解與解決問題的新世界。這些宣判的徒刑正是你的**核心句子**。如果核心語言地圖是找尋深埋寶藏的工具，核心句子就是你到達目的地時找到的鑽石。

找到你的核心句子

在我們進一步討論前，回答以下問題並寫下答案：你最深的恐懼、在你身上發生過最糟糕的事情是什麼？這可能是你這輩子一直以來都有的恐懼或感覺。你甚至可能覺得這是與生俱來的。再一次，我們用稍微不同的方式來問：如果你的生活快要分崩離析，如果發生嚴重的錯誤，你最深的恐懼是什麼？會在你身上發生最糟糕的事情是什麼？寫下你的答案。

寫作練習六：認出你的核心句子

我最深的恐懼、在我身上可能發生最糟糕的事情是……

你寫下的就是核心句子。若沒有寫出答案，請不要繼續閱讀。

也許你的核心句子用「我」來起頭：

「我可能會失去一切。」

也許那是用「他們」起頭：

「他們會摧毀我。」

也許你的核心句子是用「我的」起頭：

「我的孩子／家庭／妻子／丈夫會離開我。」

核心句子也可能以其他的字詞開頭。

現在讓我們往下深掘，再回答一次相同的問題。這一次，不要編輯。一直寫到你能到達最深最遠的地方再停下來。這個問題的答案開啟了自我探索的過程，而這個過程在之後的頁數中會繼續深化。

14 譯註：作者這裡使用「sentence」一字的雙重含義：既是徒刑，也是句子。

寫作練習七：把你的核心句子擰出來

在我身上可能發生最糟的事情是……

「我……」

「他們……」

「我可能……」

「我的孩子／家庭／妻子／丈夫會……」

現在來看看你寫下了什麼。如果你覺得已經探問到底了，再問自己一個問題：如果那真的發生了，會怎麼樣？最糟的部分是什麼？

例如說，你寫下的句子是「我可能會死」，再往前問一點。如果那發生了，最糟糕的狀況是什麼？

「我的家庭會失去我。」

再下一層。那最糟的部分呢？

「他們會忘記我。」

你能感覺到「他們會忘記我」比前面兩個句子有影響力嗎？再花一點時間縮小範圍，深入你核心句子的情緒共鳴。

寫作練習八：深入你的核心句子

我最絕對、最糟的恐懼是……

現在來看看你寫下的字句。你的核心句子大概包含了三、四或五到六個字。就像前面提到的，通常是「我」或「他們」開頭的句子，但也可能以其他字詞開頭。通常，這個句子可能是現在式或未來式，好像它們正在發生或即將發生。這些字詞好像在你心裡有生命，當你唸出來的時候，整個身體都會共振。一旦這些句子被鎖定，它會響起如水晶碰撞的叮叮聲，而不是敲擊木頭的沉悶聲響。核心句子聽起來像以下這樣：

「我是獨自一人。」

「他們拒絕我。」

「他們離開我。」

「我讓他們失望了。」
「我會一無所有。」
「我會分崩離析。」
「都是我的錯。」
「他們拋棄我了。」
「他們背叛我。」
「他們羞辱我。」
「我會瘋掉。」
「我會傷害我的孩子。」
「我會失去家庭。」
「我會失去控制。」
「我會做很可怕的事。」
「我會傷害什麼人。」
「我不值得活下去。」
「我會被討厭。」
「我會自殺。」

「他們會把我關起來。」
「他們會推開我。」
「永遠都不會有結束的一天。」

微調你的核心句子

還差一步。如果你寫下的句子是像「我是獨自一人」，往兩邊都稍微移動一點，以確保你的核心句子發出最高頻率的叮叮聲響。

例如說，你的句子是「我是獨自一人」，還是比較像「他們離開我」，還是更像「他們拒絕我」或「他們拋棄我」？

就像驗光師一再幫你檢查視力確認度數一樣，你現在正是在檢查這些字詞，讓它們與你內心的感覺完全吻合。繼續檢查。你的核心句子是「他們拋棄我」還是比較像「我被拋棄了」？你的身體會知道哪些字詞能與你產生最佳共振。如果你核心句子中正確的字詞被唸出來，那會創造出身體反應，通常是焦慮或是下沉的感受。

找尋核心句子的其他途徑

如果你試圖寫下核心句子，卻什麼也想不到，那麼回答這個問題：對別人來說，可能發生什麼最糟糕的事？是別人，不是你。也許你記得某個新聞故事裡頭的陌生人，發生了什麼可怕的事情。或者，也許在某人身上發生了什麼你覺得很恐怖的事情。他們怎麼了？寫下來。重要的是你記得什麼。也許裡面透露了什麼和你有關的訊息。

很多時候，在別人身上發生的悲劇，反應了自身最深層恐懼的某些面向。周遭無數的痛苦圖像中，那些事刷下了熟悉的和弦，或準確來說，是和我們共振的**家族**和弦。我稱之為進入家族心靈的祕密通道。所有在人們身上發生的可怕事件，有一件事以最可怕的形式重擊我們，它很可能就與家族系統的創傷事件相關聯。它同時也可能對自己提醒了我們自己所經歷的創傷事件。當其他人的悲劇使我們產生共鳴，某種程度來說，定是那場悲劇裡的某個元素也與我們有關。

甚至有另一種方式能夠產生你的核心句子。想像書中、電影中或戲劇中那深深打動你的片段。那一幕的哪個部分影響你至深？舉例來說，如果這個故事是關於一個沒有母親的孤兒引起你的共鳴，那麼是哪部分大力攪動了情緒？是母親離開孩子嗎？或者是孩

子被獨自丟下、無人照顧呢？

可能會有兩個人對這個故事產生共鳴，其中一人因為母親離開孩子而深受影響，另一人則可能是被孩子無人照顧的圖像所打動。當我們檢視第一人的家庭系統，那個無法忍受母親離開孩子的人，可能會發現，那人的家庭成員中，也許她的母親或祖母，也許是她自己離開或甚至放棄了孩子。一股未能承認的內疚迴盪在第一個人的家庭系統中，而另一股因為孩子被遺棄的深深悲痛，可能滲入第二個人的家族系統中。書裡、電影裡或戲劇中的圖像可能對我們來說充滿情緒衝擊，好似暴風連續敲響著我們家族樹深處的嬌弱果實。

當新聞故事變成家族故事

從她有記憶開始，帕姆就擔心陌生人會闖入她家並嚴重傷害她。直到最近，這個恐懼如同遙遠的轟鳴聲盤旋於背景。接著，她從新聞中讀到有一個索馬利亞（Somalian）的年輕男孩子在她所處城市被一群男孩毆打致死。原本低沉震動的恐懼這下子飛旋而上，釋放了她身體裡的恐慌狂潮。帕姆感覺自己從接縫處被撕開，她描述自己好像漂浮於身體之外。

「他只是一個孩子，」她說：「他是無辜的，他只是恰巧在錯的時間出現在錯的地方，他們剝奪了他的生命和尊嚴。他們讓他受苦了。」

帕姆不知道的是，她在講的也是她母親的哥哥的事。她的舅舅華特死的時候只有十一歲，這個故事帕姆只在小時候聽過一次，家族裡很少提及。雖然從未證實，但家族裡的人懷疑這是謀殺。華特被經常捉弄他的社區孩子騙出門，接著在廢棄礦井的底部發現屍體。他要不是摔落就是被推下去等死，花了幾天時間才找到。那些孩子一定是驚嚇得一哄而散。華特就是「在錯的時間出現在錯的地點」。

因戰爭而生的核心語言

當我們的家族成員在戰爭中受苦、死亡或犯下暴行時，我們可能繼承了虛擬的創傷雷區。因為無法有意識地建立連結，我們可能是在重現幾十年前的創傷經驗，成為恐懼的繼承人（恐懼被綁架、被趕出家門、被謀殺等等），好似這些感覺是我們的。

普拉克，一個精力過剩的八歲柬埔寨男孩，從來不認識在紅色高棉（Khmer Rouge）事件中被殺害的祖父。他的祖父被指控為中央情報局（CIA）的間諜，被長柄大鐮刀重擊致死。普拉克的父母里斯和西塔是第一代殺戮戰場（the Killing Fields）[15]的

倖存者，因為普拉克多次受到頭部創傷，為了兒子，他們尋求協助。里斯和西塔彬彬有禮、輕聲細語，他們顯得心情沉重，將他們聯繫起來的重擔似乎壓得他們變形了。他們用不流暢的英文解釋自己離開柬埔寨時只是青少年，約是大屠殺結束十年後搬到洛杉磯，並生下這個兒子，也是唯一的孩子。普拉克八歲了，受苦於多次腦震盪。父親里斯解釋，普拉克會伸著頭向前跑，像是刻意將頭撞向地板或是金屬桿。普拉克也會每天「玩」衣架，拿衣架猛打地板或沙發，口中喊著，「殺！殺！」男孩的行為令人難以忘懷地呼應著祖父的被謀殺。普拉克的核心語言其詞彙不僅以口語「殺！殺！」表達出來，也以兩種令人不安的方式用身體表達。透過拿衣架砍打，普拉克詭異地重演了殺手致命的一擊。而藉由傷害他自己的頭，普拉克重演了他祖父經歷的頭部傷害。

許多經歷過悲慘或痛苦事件的家庭，通常都會持續深埋著過去。父母為了孩子著想，認為最好不要將他們暴露於不必要的痛苦之中，於是會絕口不提，而這正是關上了通往過去的門扉。他們認為孩子知道的愈少，就愈受保護，也愈能維持絕緣狀態。普拉克對殺戮戰場、謀殺一無所知，最糟的，是對祖父一無所知。事實上，他被告知他祖母的第二任丈夫才是他真正的祖父。

15 譯註：是指柬埔寨紅色高棉時期，於一九七〇年代進行全國大清洗的場所。

不幸的是，對過去保持沉默並不會讓下一代免疫。隱匿於視線和心靈之外的東西很少消失，相反地，它們常常會重現在我們孩子的行為和症狀中。

對里斯和西塔解釋這些概念並不容易。好似有一層文化面紗、一層否認的裹屍布，不允許討論種族滅絕。「我們只向前看，而不是看向過往，」西塔說。「我們很幸運地存活下來並來到美國，」里斯說。直到我向他們解釋，過去是如何栩栩如生地重現於普拉克的苦痛中，里斯和西塔才準備好要進行下一步。

「回家告訴普拉克關於你父親的事。」我對里斯說：「告訴你父親，你有多愛他、多想念他。放一張你父親、普拉克真正祖父的照片在他床頭，告訴普拉克，他睡覺的時候，祖父會保護並賜福予他的頭部。描述一則圖像給普拉克聽，當他有了你父親的祝福，他的頭便不會再受傷了。」

最後一步是最難傳授的。在我看來，普拉克表現出來的不僅和他祖父有關，也和那重擊致命的凶手有關。我向里斯和西塔解釋，傷害家庭成員的人是如何也同屬我們的家族系統，當我們在意識中刪去這些人，同時也與他們聯繫了。我解釋著，凶手和被害者的後代都受著類似的苦痛，我們必須對所有含括進來的人抱有善意。更進一步，當我們能夠平等地為那些傷害我們家人的人，也為我們家人所傷害的人祈福，便能夠支持我們和他們的後代。西塔和里斯懂了。作為修行的佛教徒，他們會帶普拉克到佛塔（柬埔寨

的寺廟），為里斯的父親和凶手提供簡約的清香，那麼雙方的後代都能獲得自由。普拉克去完佛塔後三個星期，伴隨著祖父照片在夜晚的庇佑，普拉克把衣架還給了西塔，並說：「媽媽，我不需要再玩這個了。」

家族的痛苦，家族的靜默

你在本書前段讀到的葛雷琴，她承擔的焦慮感，其實是她祖母身為倖存於奧許維茲集中營之唯一家族成員而有的焦慮感。葛雷琴的祖母無法全然接受在猶太人大屠殺中存活下來的恩賜，反而像遊魂一樣度過人生，她的孩子和孫子們如履薄冰地和她相處，以免更觸痛她。

逝去的家族成員不是你可以和她談論的話題。她的眼神會黯然失色，臉頰上的血色也會褪去。最好能讓她的記憶持續被覆蓋。也許她的祖母潛意識想要像她的家人們一樣死去。兩代之後，葛雷琴可能繼承了這些感覺，並擔負著如同祖母的家人那般被燒成灰燼的圖像。

葛雷琴的核心語言：「我要讓自己蒸散，我的身體會在幾秒之內燒成灰燼。」

一旦認出了是祖母的創傷牽絆了她，葛雷琴終於能夠理解她擔負的情緒脈絡。我邀

請她閉上眼睛，並想像被祖母和其他她不認識的猶太家人輕抱著。體驗到那個使人寬慰的影像，葛雷琴說她覺得平和多了，那是她從來不熟悉的感覺。她理解了希望自己被燒成灰燼的願望，實際上是與那些真的經歷此事的家人聯繫在一起。就在那一刻，自殺的衝動消散了，她不再感到需要這麼做。

當葛雷琴共感於她的祖母，她也可能會共感於殺死她親人的凶手。藉由自殺，葛雷琴無意識重演凶手的侵略行為。這種共感於行凶者的情形並不罕見，且當後代有家族成員出現暴力行為時需特別注意。

恐懼的監牢

每當史蒂夫去到一個新的地方，他都受到恐慌發作的折磨。不管他是進入一棟新的建築物，還是嘗試新的餐廳或是去到新的城鎮，只要發現自己身處不熟悉的地方，史蒂夫就會「自我解離」（dissociate）。他描述那種感覺是「昏厥」，頭暈的感覺讓他的「內在一片黑暗」，並覺得像是「天空慢慢圍住他」。伴隨這些感覺，一次一次他都經驗到急速躍動的心跳和激烈冒汗。他想不出任何在孩童時期可能發生哪些事會創造出這種極端恐懼。為了讓他覺得安全，他的妻子和小孩也一起被長期監禁於熟悉的場域，沒

有假期、沒有新的餐廳，也沒有驚喜。

史蒂夫的核心語言：「我會消失，我會被抹去。」

細察史蒂夫的家族歷史揭露了史蒂夫沒有安全感的源頭。他的家庭成員中，有七十四位在猶太人大屠殺中被焚化。他們確確實實是從家附近的熟悉場域被帶走，從原本生長的村莊被帶到「新的地方」，也就是集中營，那個他們被系統性謀殺之地。一旦史蒂夫建立了他與家庭成員間的連結，他發現了那限制自己人生的恐慌發作之脈絡。經過一次診療，恐懼變輕了。史蒂夫接納了他的親人獲得安息並祝福他能自由的內在圖像，史蒂夫打開了他舊有生活被鐵絲網纏繞的大門，進入了充滿探索與冒險的新生。

琳達不像史蒂夫，琳達的恐慌發作則是把她自安全感中抽離。她把自己關在恐懼的監牢中。「這個世界不安全，」她說：「你得把自己藏起來，如果人們知道你太多事，他們就能傷害你。」她自有記憶以來就會做惡夢，夢到自己被陌生人綁架。小時候，她記得自己從來不想去朋友家過夜。即使她四十多歲了，也很少去什麼地方。像史蒂夫一樣，琳達住在被恐懼鎖上的監獄裡，這個恐懼卻全然和她的童年經驗無關。

當我問及她的家族歷史，她記得自己還是小女孩時，曾聽過祖母的姊妹死於猶太人大屠殺。再細究發生什麼事，琳達發現她的姨婆藏匿居住在鄰居的家裡，直到某一陌生

人發現她是猶太人。這位姨婆接著被「陌生人綁架」，被納粹士兵射死於壕溝中。

琳達的核心語言：「這個世界不安全。你得把自己藏起來。人們會傷害你。」

藉由比較她的核心語言與姨婆的悲劇，琳達現在知道她焦慮感受的脈絡。她想像和姨婆對話，姨婆希望自己能保護她，協助她平安。這幅新的圖像中，琳達覺得她可以將焦慮的感受留予逝去的姨婆，那才是起源。

雖然許多人並沒有家族成員曾喪生或經歷猶太人大屠殺，或是亞美尼亞大屠殺（American genocide）、柬埔寨的殺戮戰場、史達林強制實行的烏克蘭大饑荒，以及於中國、盧安達、奈及利亞、薩爾瓦多、前南斯拉夫、敘利亞、伊拉克發生的屠殺事件（這份名單可以繼續下去），但戰爭的殘留物，暴力、謀殺、強暴、壓迫、奴役、流亡、強制遷徙，以及其他的創傷，意即前人實際忍受之事，可能滲入了我們以為源於自己的恐懼與焦慮之中。我們的核心句子可以是讓我們從現在挖掘出過去的連結。

挖掘你核心句子的源頭

核心句子經常引起恐懼的感覺和知覺。單單只要說出這些字，我們就能在身體裡觀察到強烈的生理反應。很多人說，當那句話唸出來，知覺的浪濤便迴盪於內在。那是因

為核心句子是由未解的悲劇所產生，如果那不屬於我們，下一個問題是，那是誰的？

我們可能是說出那個核心句子，並擔負恐懼的人，但那造成原始恐懼的悲慘事件，可能早在我們出生前就發生了。我們問的問題是：這個原初的恐懼屬於誰呢？

唸出你的核心句子給自己聽，感受內在的震動，用內在傾聽。花點時間想像那些字詞屬於別人。你可能甚至會想再次寫下核心句子，看看這些出現在你眼前的字詞。仔細聽這個別人的句子，他曾經歷極大的創傷，或擔負深刻的悲痛或罪咎，或死於暴行或帶著遺憾而去，或活著空虛的人生，又或活在沉默的欲望之中。這個可能是你父親或母親的句子。它也可能屬於你的祖母或祖父，甚至是屬於你的兄姊、叔叔或阿姨。透過你活下來。

核心句子就像旅行的句子，像是四處流動的售貨員，敲著一家又一家的門戶，直到有一扇開啟，允許他進去。但這些他索求的門戶，是追隨家族系統之人的心靈。而這個進入的邀請，是透過無意識許可的。

我們似乎會共享潛意識的義務，以消解過往家族的悲劇。無意識地嘗試治癒家族的痛，你可能與祖母共享了她因為失去母親、丈夫或孩子而未解的哀慟。她那「我失去了一切」的感覺可能也住在你的心裡，害怕自己同樣會失去所有。

這些句子影響了我們對自己的認知，影響了我們做的決定，影響了你的心靈和身體

應對周遭世界的方式。想像一下，當夢中情人向你求婚時，「他將會離開我」這句話在你的意識深處響起，會產生什麼樣的影響。或是想像一下，「我將會傷害我的孩子」之類的話會對一位即將臨盆的母親其複雜生理及情緒狀態產生的衝擊。

再聽一次你的核心句子。大聲唸出來。你確定這是屬於你的字詞嗎？是否有之前的家族成員基於什麼原因，和你產生相似的感覺？

想一下你的父母和祖父母。他們是否經歷過因為太過痛苦而不願再次提起的事件？他們是否經歷過新生兒夭折或在懷孕晚期流產？他們是否被摯愛遺棄，或在幼年時期失去父母、手足？他們對於造成別人受傷是否懷抱罪惡感？他們因為何事自責呢？

如果想不出任何事，也許再往前一代想想你的曾祖輩，或想一下叔叔、舅舅或姑姑、阿姨的人生經驗。

查克得往回兩代才能尋得平靜。他是很幸運活了下來，他經歷了很多次自殺未果，才終於下定決心對家族的過往敞開心門。

查克的核心句子一直跟著他，自他有記憶以來便是如此。當他還是小男孩，他就覺得自己必須得死，覺得自己生出來就是為了死亡。

查克的核心句子：「我需要去死。」

當查克年紀大到能自己決定如何行動時，他報名從軍前往伊拉克，並打算死在那裡。事情不能夠更簡單了。查克是步兵，他能夠在前線被槍擊然後死去，以完成這一生的目標。他專心致力地訓練自己，他會變成英雄。他會擔負極大的風險，他會為了國家死於榮耀。

但查克的計畫出了錯。他的部隊沒有部署，仍然在美國。查克難以置信。他立即從基地**撤離**，並制定了第二個死亡計畫，付諸行動。他高速飛馳在高速公路上，確信有州警會攔下他。經過仔細計畫，他會跳下車並奪下州警的槍。那一瞬間，就會結束了。州警將被迫射擊他，他便可能死去。如同計畫好的，他在高速公路上奔馳。命運再一次介入，什麼事也沒有發生，沒有州警、沒有槍擊、沒有死亡。

查克不屈不撓，他的第三個計畫是開車直奔華盛頓，這一次肯定不會失敗。他會越過白宮的圍牆，拿著玩具槍向總統辦公室衝刺。當然，當他跑時，特勤局的特工必須擊斃他。但是，再一次地，命運對查克有其他計畫。當他到達賓夕法尼亞大道（Pennsylvania Avenue）時，圍牆受到特工的嚴密防範，幾英尺之內根本無法靠近。

查克心中還有一個自殺計畫。但這個計畫從未付諸實行。他預計參與一場州長會出席演講的政治集會。查克會揮舞著玩具槍瞄準州長。當然，特勤局得射擊他。但一個清

醒的想法跑出來，在那樣人群密集的地方，他可能只會被制伏在地，並在獄中度過餘生。查克很絕望，最後決定尋求幫助。

查克的例子中，你能夠聽見貫穿每一個計畫的主線嗎？每次的自殺嘗試，如果成功的話，他會被另一個人以保衛國家之名射擊身亡。但是查克才二十四歲，他的人生並沒有任何事讓他應受如此懲罰，他從沒有傷害過任何人，他沒有背負個人的罪責。他不需因為任何人的苦難而怪罪自己。

查克到底需要為誰而死？更精準地說，查克的家族系統裡，是誰因為做了什麼事而必須被射擊致死呢？

為此，我們得回溯查克的家族歷史。他的核心句子點亮了路。根據查克的核心控訴，有三個可能的橋接問題。

查克的橋接問題

- 你的家族中，有誰曾犯下罪行但從未被懲罰？
- 有誰覺得應該要為自己做的事而被射死？
- 你的家族中有誰被射殺，家族成員卻不能因而悲傷呢？

前兩個問題都命中靶心。查克的例子中，第一個問題引出了他記得自己還是孩子時所聽到的對話。查克的外公，他母親的父親，是墨索里尼內閣的高階成員，他所負責的決定造成了很多人的死亡。義大利的戰爭快結束時，他外公設法偽造了證件、改變了身分，而後逃亡美國，餘下的內閣則被逮捕並遭行刑隊槍決。查克的外公迴避了自己的命運，他很幸運，或許他曾這麼想過。但他不知道的是，他的命運卻遺留給家中的第一個小孩，也就是他的孫子。

如同我們在第三章學到的，伯特．海寧格教導我們，每個人都僅對自己的命運全權負責，而且每個人必須承擔自己命運的後果。如果我們逃避、拒絕或繞過了命運，我們系統中的某個成員就可能嘗試去付出代價，而那通常是透過他們自己的生命。

查克一直試圖要為他外公的罪行付出代價，這是項昂貴的家族繼承，而查克無從察覺自己在接受它。他認為被槍殺的衝動源於自己，他認為那是自己生來的缺陷，那就是事情的全貌。他從未想過自己是被家族歷史深深影響了。他從未將事情連起來。

「你是說需要受死的不是我嗎？」查克很震驚。「你是說我不需要去死？」

查克的外公躲過了行刑隊的槍決，並從未為他造成的死亡付出代價。兩代之後，查克嘗試透過自己的生命來換回公正的結果。縱使這並不公平，卻正在發生。查克幾乎要成功了。

相反地，查克能夠把這種需要付出代價而死的感受還予外祖父。僅只是找到一個安放這種感覺的地方，對查克來說就是件大事。第一次，他能將屬於自己和不屬於自己的感覺分開。曾經被他內化的東西，現在可以安坐於邊緣了。

當舊有的感覺升起，查克已有意識如此計畫。他會在心中看見外祖父，尊敬地向他點頭致意。他會聽見外祖父告訴他，需要死去的感覺是屬於他的，他會處理，查克只需要平靜地吸氣和吐氣。查克想像他的外祖父在往生之後，與他所傷害過的人和解。查克的內在圖像中，整體景色開始發展出和解過後的祥和品質。

如同查克，你可能也從未想過，將自己現有的問題與家族歷史中的創傷事件連結起來。現在，透過核心句子，你有方法這麼做了。再唸一次你的核心句子，問自己以下兩個問題：你確定這份恐懼源自於你？你的家族成員中，是否有人基於什麼原因，與你具備相似感受？

即使你對家族過往沒有任何資訊，通往治癒的道路仍然很直覺。最難的部分已經完成了：你已經將自己最深的恐懼分離出來。也許你仍然擔負著這份恐懼的感受，但恐懼本身，可能源自於某個在你出生前所發生的創傷事件，這個事件是你父親或母親所遭受苦痛其背後的原因。即使你不知道那是什麼，卻知道就在那兒。你感覺到了。

艾波是一位製作棉被的非裔美國人，她四十歲初頭時，看到一張一九一一年的照

片。照片中，有一位黑人女子和她兒子，兩個人的脖子都被繩索圈住吊在橋下。很多白人男子、女子和小孩，在橋上排排站著。在那一刻，艾波的生命改變了。絞刑的想法和圖像讓她難以承受。「我無法停止哭泣，」她說：「那可能是我和我兒子。」自她看過照片的那天起，艾波的焦慮每日愈增。「那就像是我見到的每棵樹，都有屍體吊掛在上頭。」

我問她，知不知道她家族中有任何人慘遭絞刑。但這很難說，十九世紀初期，她的祖父是一位黑人男子與白人女子的小孩，和姊姊一起被留在路旁。她的家族收留了她祖父，但卻沒有收留祖父的姊姊。她祖父的姊姊或爸爸發生什麼事，沒有人知道。

從歷史可知，黑人男子若與白人女子有性關係便會被懲罰。但是，白人奴隸主卻時常與家中的黑奴女子生下孩子。二〇一六年發表的研究，發現這段歷史的基因證據，埋藏在現代非裔美國人的DNA中。這些DNA帶有歐洲血統的痕跡，上頭有時間戳記可追溯自蓄奴時期，讓研究人員能夠驗證長久以來眾所皆知的常識。

雖然艾波不能清楚指出他祖父的姊姊或父親是否被吊死，或任何她家族中的人慘遭絞刑，但她猜測也許有。最至少，她擔負著集體創傷的殘餘物，與其他非裔美國人共享相似的恐懼。

艾波覺得自己不得不仔細探究一八六五年到一九六五年間，每一個記錄在案遭受絞

刑的非裔美國男性、女性與兒童。她找出五千多人的名字，並用金絲線將名字一個一個繡在黑色的被子上。每繡上一個名字，她就覺得又有一靈魂終可安息。她花了三年時間才完成這床被子，足足有十二磅重，艾波終於感覺到自由。

認可核心句子背後的家庭成員

1. 如果你清楚知道你核心句子裡的恐懼，那最初擁有它的人會是誰？現在想像他們。
2. 如果你不知道這個人是誰，閉上眼睛。想像一下你的家族是否有人可能感到類似的情緒。這個人可能是你的叔叔或祖母，或甚至是你從未見過的同父異母（或同母異父）的哥哥或姊姊。你不需要知道那是誰，那人甚至不是你血緣上的家族成員，但可能傷害了你的家族成員，或被傷害了。
3. 想像你核心句子背後，和這創傷事件相聯繫的那個人或那群人。你甚至不需要知道那事件是什麼。
4. 現在點頭致意，並深深用嘴巴呼吸。
5. 告訴這個人或這群人，你尊敬他們，以及那發生在他們身上的事。告訴他們，他們不會被遺忘，他們會被愛所銘記。

6. 想像他們安息。
7. 感覺他們祝福你有完全的人生。當你吸氣，感受他們善意的祝福在你身體裡引起的效果。當你呼氣，感受你核心句子的情緒離開身體。感覺恐懼消散，好似強度的旋鈕一路盤轉至零。
8. 花幾分鐘這麼做，直到你的身體平靜下來。

你的核心句子：轉變恐懼的途徑

本書中學到的所有核心語言工具中，那句描述你最深恐懼的核心句子，是揭示未解之家族創傷最直接的途徑。核心句子不僅引導你了解恐懼的根源，還將未解之家族創傷的感受，與住在你身體裡的感受聯繫起來。一旦根源消散，恐懼就會開始輕盈起來。以下是核心句子的十個關鍵屬性：

核心句子：十個關鍵屬性

1.它通常都會和你家族歷史或孩童時期的事件相聯繫。
2.它通常都以「我」或「他們」開頭。
3.它的字數很少，卻充滿戲劇性。
4.它包含著關於你最深恐懼的情緒性語言。
5.當它被唸出來，會引起生理反應。
6.它可重拾創傷時的「失語」狀態，並且標記出它在你家族歷史中的位置。
7.它可以恢復四散各處的創傷記憶。
8.它能提供你脈絡，以了解你一直以來經歷的情緒、感知和症狀。
9.它鎖定的是源頭，不是症狀。
10.當它被唸出來，它具有讓你從過去中釋放出來的力量。

下一章，你會學到如何重構你的家族樹，以尋找和你核心句子相連的核心創傷。進行下一步之前，讓我們再次攤開你的核心語言地圖。

寫作練習九：建構你的核心語言地圖

1.寫下你的核心控訴。這裡是瑪莉的核心控訴範例，她的哥哥出生時是死胎，從未被命名也不曾被談論。

- 「我格格不入。我覺得自己沒有歸屬感。我覺得自己像是隱形的。沒有人看得見我。我覺得自己是生命的旁觀者，而沒有活在其中。」

2.寫下對你父親及母親的核心描述，這裡是瑪莉的範例。

- 「媽媽很和善、脆弱、呵護、憂鬱、心不在焉，像是缺席的人。我怪她沒有支持我。我覺得是自己在照顧她。」
- 「爸爸很有趣、孤單、疏離、常常不在、努力工作。我怪他總是不在。」

3.寫下你的核心句子，也就是你最深的恐懼。這是瑪莉最深的恐懼。

- 「我會永遠覺得寂寞並且被遺漏。」

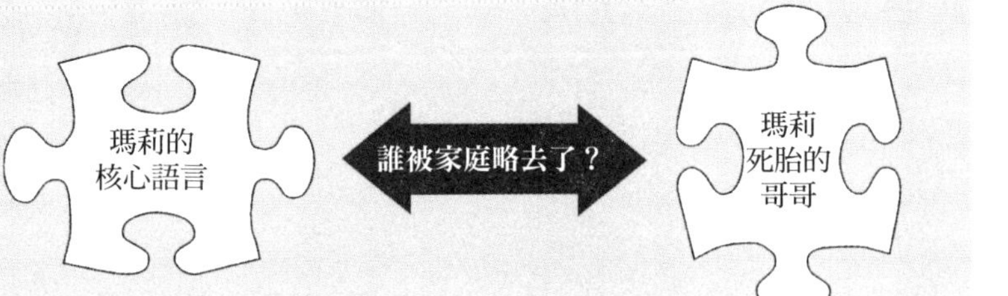
瑪莉的核心語言
誰被家庭略去了？
瑪莉死胎的哥哥

你現在已收集了需要的核心語言，接下來讓它帶你進入第四和第五步：如何揭開家族的創傷。

第九章

核心創傷

暴行……拒絕被埋葬……民間智慧充滿了不願在墳墓安息的鬼魂，除非他們的故事被訴說。

——茱蒂絲．哈曼（Judith Herman）《從創傷到復原》（*Trauma and Recovery*）

讓我們把核心語言地圖的所有部件都放在一起。目前為止，我們已學會如何從核心控訴中抽取核心語言寶石。我們也學了如何分析核心描述，關於我們用來描述父母的形容詞，其實更像是在描述我們自己。我們也學了那描述我們最深恐懼的句子，也就是核心句子，它如何帶我們回溯到家族系統裡的創傷。我們要學的最後一件事，是如何建構一座到達核心創傷的橋樑，無論是童年時期未解的創傷，或是家族歷史裡的創傷。

順序上，核心語言地圖裡的四種工具是核心控訴、核心描述、核心句子，和核心創傷。有兩種方法可以挖掘核心創傷，一種是透過家族圖譜（genogram），也就是家族樹

的圖表，另外一種是透過橋接問題。

橋接問題

正如我們從上一章的查克身上學到，要到達深埋的核心創傷之方法，是問出橋接問題。橋接問題可以召喚出前代家族成員，那些留予我們核心句子的人。因為我們的核心句子可能源自於之前的世代，找到正確的擁有者，能夠帶給我們平靜和理解，而這不只是為了我們自己，也是為了我們的孩子。

查克的例子中，「你的家族中有誰犯下罪行卻從未被懲罰？」這個橋接問題帶我們找到他的外祖父。他的外祖父曾是墨索里尼政府中具有權力的高階成員，傷害了許多人。你可以想像，像查克一樣的家庭，家人一定絕口不提他外公在戰時做過的事。

簡單說，橋接問題是連接過去與現在的問題。挖掘你最深處的恐懼，能帶領你找到家族系統中，和你有相似感受的人。

舉例來說，如果你最深的恐懼是你可能「傷害小孩」，把這句話轉成問句。想想看所有相關的、能夠表達家族後代所擔負之恐懼的組合。

恐懼：「我可能傷害孩子。」

可能的橋接問題

- 你的家庭系統中，有誰曾經因為傷害孩子，或是沒有保護好孩子的安全而自責？
- 誰可能曾經認為自己需要為孩子的死亡負責？
- 誰可能因為他的行為或決定而傷害了孩子，並從此感覺有罪惡感？
- 你的家族系統中，有孩子被傷害、忽略、送走，或被虐待嗎？

一個或多個這樣的問題，可能會引領你去到恐懼的源頭。然而，這個源頭不一定會在那裡準備好被發現。很多父母或祖父母仔細地封住了過往，因此，珍貴的訊息從此消逝不在了。

當人們深深受著折磨，經常會試圖將自己分離出來，以迴避情緒上的痛苦。這樣一來，他們認為自己是在自我保護，也是在保護孩子。忽視痛苦實際上只是加深痛苦。被刻意隱藏不看的，往往會變得更加強烈。對家族的痛苦保持沉默，並不是有效治癒痛苦的策略。這樣的痛苦會在之後再次浮現，通常會藉由後代的恐懼和症狀被表

達出來。

即使你不能找出家族中發生什麼事，你仍舊能完成你的核心語言地圖。你的核心句子會提供你線索，以指出家族創傷的方向。你的橋接問題足以拼出圖像，即使特定細節還很模糊或被遺漏。

麗莎的故事

麗莎描述自己是一個過分保護的母親。她總是害怕有恐怖的事會發生在自己孩子身上，所以從不讓他們離開視線。雖然從來沒有任何可怕的事情曾發生在三個孩子的任何一人身上，她卻總是受著核心句子的追討，「我的孩子會死。」關於家族故事，麗莎知道得很少。但當她追隨核心句子中的恐懼，她問了以下的橋接問題：

家族中有誰的孩子過世了？

家族中有誰無法保護自己的孩子使之安全？

麗莎擁有的唯一訊息，是她的外祖父母從烏克蘭的克爾巴阡山脈地區來到美國。為了逃離饑荒和挨餓，她的外祖父母從來沒有提過自己經歷的困苦，他們的孩子也知道永

遠不該問。

麗莎的母親是年紀最小的孩子，也是唯一在美國出生的。雖然麗莎的母親不知道細節，但她懷疑也許有些孩子沒有捱過逃難的路途。僅僅是將這些訊息攤在陽光下，麗莎就更加了解自己所擔負的恐懼。她認知到這句「我的孩子會死」很有可能根源於她的外祖父母。建立起這個連結，立即就降低了恐懼的強度。麗莎便能少擔心一些，更享受和孩子的相處。

當你問出自己的橋接問題，就能正視家族中從未完全解決的創傷事件。你可能會發現，自己和某位承受極度痛苦的家族成員面對面站著，可能你擔負的就是他們的惡果。

寫作練習十：從核心問題中找出橋接問題

我的核心句子：

我的橋接問題：

家族圖譜

家族圖譜是家族樹的二維視覺呈現。以下是建立家族圖譜的步驟：

1.回溯四至五代，建立一個包含父母、祖父母、曾祖父母、兄弟姊妹、叔叔、舅舅、姑姑、阿姨的圖表。你不需要回溯到曾祖父母之前的世代。用方形代表男性，圓形代表女性，創建你的家庭樹（見一八八頁圖示）。你可以用線條畫出家族樹的分支，顯示誰屬於哪個世代。列出父母親、祖父母、曾祖父母的孩子。你不需要列出叔叔、舅舅、阿姨、姑姑或兄弟姊妹的孩子。但列出也無妨。

2.在每個家庭成員（以正方形或圓形表示）旁邊，記下人們經歷的重大創傷和困苦命運。如果你的父母還健在，你可以詢問他們知道的資訊。如果有些問題找不到答案，也不要擔心。無論你知道什麼都很足夠。創傷事件包括：誰早夭？誰離開了？誰被遺棄或被孤立，或被排除在家庭之外？誰被收養或送養孩子？誰在分娩中死亡？誰曾經產下死胎或墮胎？誰自殺？誰犯下罪行？誰經歷重大創傷？誰在戰爭中被遺忘或受到傷害？誰死於或參與了大屠殺或其他種族滅絕？誰被謀殺？誰欺騙了某人？誰應該對某人的死亡或不幸負責？

這些問題很重要。如果你家族中的某人傷害或謀殺了誰，在你的家族樹中列出那個被傷害或遇害的人。受到傷害的受害者也該進入你的家族系統，因為你可能共感於他。同樣地，列出任何傷害你家人的人，因為你可能也無意識地共感於他。

繼續。誰傷害了、欺騙了，或佔了誰的便宜？誰因為他人的損害而獲益？誰被冤枉了什麼事？誰坐牢或進精神病院？誰有身體上、情緒上的病痛或精神疾病？你的父母或祖父母在結婚之前，有沒有重要的親密關係，發生什麼事？列出父母或祖父母之前的伴侶。列出任何你想得到，受到深深傷害，或深深傷害別人的人。

3. 在家族圖譜最上頭，寫下你的核心句子。現在看看家族系統中的每個人。誰可能會和你有相同感受？這個人可能是你的父親或母親，特別是他們其中一人的命運特別困苦，或不被他人尊重。也有可能是祖母的姊姊進了精神病院，或是你母親在生你之前流產的男孩子，也就是你的哥哥。通常，那是家族中不常提到的人。

看看底下的例子，下一頁的家族圖譜描述了艾莉的故事，她因為恐懼自己會發瘋而掙扎著。直到她建構出母親這邊的家族圖譜之前，艾莉都認為自己是那恐懼的源頭。

從家族圖譜中，很容易便能發現，艾莉覺得自己要發瘋的感覺並不源自於她那一代。艾莉的姨婆十八歲時被關進精神病院，在裡頭獨自死去並被遺忘。家族裡沒有人再

提起過她的名字，或訴說她的故事。艾莉從不知道她的外祖母有兄弟姊妹，透過反覆詢問才獲得這些訊息。

有趣的是，這位姨婆在十八歲時被診斷需要進入州立醫院，與艾莉的曾外祖母意外引起火災以致新生兒喪生，是相同的年紀。看盡三代歷史，艾莉便可能有新的體悟。這位姨婆所經歷的瘋狂，是誰的感覺呢？更重要的，艾莉試圖透過共享的恐懼，將什麼故事帶回眾人眼前？攤開這張家族圖譜，艾莉原本模糊的家族歷史現在清晰了。

對艾莉來說，害怕會瘋掉的

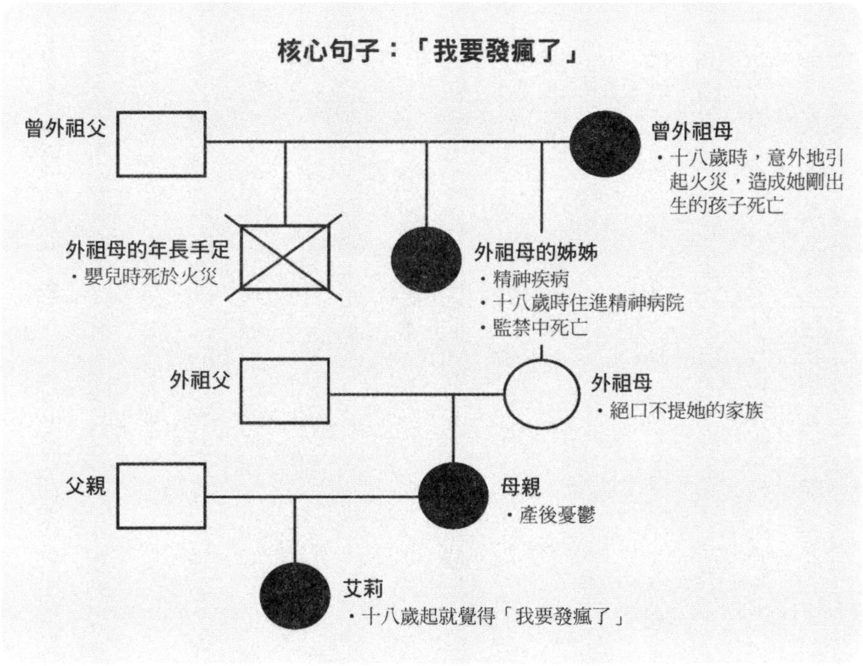

感覺，在她一進入十八歲即將高中畢業時出現。同樣的恐懼，過去讓她的生活分崩離析，現在卻帶著她探索自己。她對家族圖譜知道得愈多，就建立起愈多連結。

艾莉記得母親告訴她，她出生那年，母親受苦於產後憂鬱症。當艾莉的母親受困，她事實上是自己母親的創傷的承接者。艾莉的母親承認，艾莉一出生，她就有揮之不去的執念，覺得會發生什麼非常糟糕的事。特別是，她很害怕自己無意間做了什麼，造成艾莉的死亡。無法承受的擔憂從懷孕期間就開始，艾莉出生後狀況加劇。艾莉的母親從未把憂鬱症和家中發生的事情連在一起。家族中刻意不談起的話題，卻在家族成員的潛意識中透過恐懼、感受和行為表達出來。

寫作練習十一：創作家族圖譜

用方形表示男性，圓形表示女性。將家族成員排列出來，在旁邊寫下他們所經歷的創傷與艱困命運。用一整張完全空白的紙來做這個練習。在頁首寫下你的核心句子。

現在，坐下來看看你的家族圖譜。不需要太仔細地聚焦，讓你的眼睛看到全圖，吸收父系和母系的能量。感受你與生俱來的重量、情緒的輕重。比較你的父系與母系家族，哪一邊感覺重一些？哪一邊的重擔感覺起來更沉？看看創傷事件。誰承受了最艱困的命運？誰的生活最苦？其他家族成員對這人的感覺如何？什麼事情或什麼人在你的家族中很少被提及？不要擔心你擁有的資訊不完整。讓你的想法、感覺和身體知覺導引你。

現在大聲說出你的核心句子。家族裡的什麼人會共鳴於相似的感覺呢？誰會為相似的情緒而掙扎？有可能你的核心句子早在你出生前就存在了。

我們來認識卡蘿，她的核心句子來自外祖母。卡蘿十一歲起就過重。成年之後，卡蘿的體重一直在一百三十公斤左右。三十八歲時，她的體重來到新高。卡蘿只有過有限的親密關係，從未結婚。卡蘿描述體重讓她「被悶住和窒息」，並被「自己的身體背叛」。我們馬上就聽到她的核心句子，等待被解譯，好似她家族中的某件事情在尋求解答。一旦知道了她的核心句子，我們就能來問橋接問題：家族中有哪些人被自己的身體背叛了？誰被悶住？誰被窒息？

卡蘿接著解釋，「我很早就發育，比其他女孩子都早。我的生理期十一歲就開始了，從此我就討厭自己的身體。我覺得身體背叛了我，因為她這麼早就發育了。就是那

時候我開始變胖。」

再一次，又提到了那個有趣的觀點，她感覺被某人的身體**背叛**。現在我們有了新線索：卡蘿的身體一旦轉變為**女人的身體**，她就覺得被背叛，這時身體裡的子宮已具備創造生命的能力。

綜合這些添加的訊息，我們能問更多橋接問題：家族中有沒有哪位**女性**感覺**被子宮背叛**？如果卡蘿變成了女人或懷孕，最糟可能會發生什麼狀況？

目前這所有的問題都在對的道路上，我們只是還不知道那會導引至何處。

再加入卡蘿最深的恐懼，「我會孤單一人，無人作伴。」

卡蘿因為這一百三十公斤的身體，再加上離群索居，她就快要讓自己最深的恐懼成真了。

現在讓我們來整理所有的訊息，並研究卡蘿的核心語言地圖。記得，卡蘿的痛苦是從她的子宮始能生育為起點。這些是她使用的字詞，組成她核心語言地圖的字詞。

卡蘿的核心語言地圖

卡蘿的核心控訴：「我覺得被自己的體重悶住、窒息。我覺得被自己的身體背叛。」

卡蘿的核心句子：「我會孤單一人，無人作伴。」

卡蘿的橋接問題：以下是幫助卡蘿連結起家族中創傷事件，和她體重過度增加的橋接問題：

- 家族中有誰覺得被身體背叛？
- 誰被悶住？
- 誰受窒息？
- 家族中哪位女性感覺被子宮背叛？
- 哪位懷孕的女性發生了可怕的事？
- 誰覺得孤單一人，無人作伴？

卡蘿的核心創傷：現在讓我們來看看卡蘿的核心創傷，那創傷事件，卡蘿的家族中懸而未解的悲劇。卡蘿的外祖母有三個孩子，一個男孩、卡蘿的母親，和另一個男孩。這兩個男孩都在出生時，在卡蘿外祖母的產道中因窒息導致嚴重缺乏氧氣，兩個男孩都有心智障礙。他們在她外祖母位於肯塔基農場家的地下室中，生活了近五十年。她外祖母餘下的人生都活得心碎而空洞。

雖然這些事情從未被大聲說出口，那句「我的身體背叛了我」很明顯屬於卡蘿的外

祖母。外祖母的身體曾經讓嬰兒「窒息」。她「孤單一人」，籠罩在痛苦和孤單之中。那兩個男孩曾被「體重悶住」，也是孤單地在地下室活著，與世隔離。卡蘿母親的孩童時期也很孤單，以「她身體在這，但情感不在」來形容母親。卡蘿的核心句子和她的身體不自覺地說出了整個故事。

我們再複習一次。當卡蘿成長而能生育，她體重開始增加，並且將自己隔離於世界之外。將自己隔離，可確保絕對不會懷孕，不會和外祖母一樣受苦。她孤獨地生活，覺得世界上只有她一人，如同外祖母生活於自我的孤寂。舅舅們生活於地下室中，也如同她母親因悲傷而千瘡百孔地活著。

卡蘿用「被悶住和窒息」來形容自己被體重壓迫的感覺。但是這些字詞在家族脈絡中具備更深層的意義。這些是家族創傷中未說出口的字。這些字，可能沒人敢在她外祖母面前說出口。然而，家族若要能從可怕的悲慘事件中復原，這些字卻是關鍵。如果她的外祖母能夠接受這件悲劇的嚴重性，如果她能夠在不責備自己、不感覺被自己身體背叛的狀況下，為其所失而悲痛，這個家族很可能就有機會走上不同的道路。卡蘿很可能就不需要用身體擔負如此巨大的家族折磨。

像這樣的創傷事件，可能會破壞家庭的韌性，使支撐家庭的屋牆傾倒。這些事件可能會侵蝕父母流向孩子的愛，讓孩子漂流於悲傷之海。

卡蘿和大部分的人一樣，沒有想到自己其實承擔著家族歷史中的苦難。她原本以為那苦痛是源自於自己深處。她以為自己一定有什麼地方不對勁。一旦她了解，被身體背叛的感覺其實屬於外祖母而不是自己，卡蘿便走在通往自由的路徑上。

當她意識到，自己其實一直在為外祖母、舅舅和母親吸收家庭的痛苦，她整個身體都在顫抖。情緒的重量減輕了，她終於能進駐那心中長久被關閉之處。不需要多久，卡蘿就能意識到自己的身體，讓她選擇不同的生活方式。

卡蘿的核心語言是啟動家族治癒動能的載體。這也是家族的機會，去治癒過往未曾好好療養的傷。換個角度看，卡蘿的痛苦只是消息傳遞者，為家族艱難的悲劇帶來療癒。好似家族的悲痛在向外求援，希望被治癒、被解決，而卡蘿的字詞和語言，則提供了地圖。

像卡蘿一樣，你的核心語言地圖也可能引領你踏上療癒之旅。看見了你和家族歷史的聯繫後，剩下最後一步，便是將你發現的事情，帶回自己身上。你家族歷史中不能說出口的、隱形的東西，很可能也躲藏在你自我覺察的陰影處。一旦建立了連結，過去看不到的，現在變成了治癒的機會。有時候我們需要特別關照和注意，才能整合各部件，以建立新的圖像。下一章，我會導引你透過練習和句子，來加強這些圖像，讓你往更進一步的整體性和自由度邁進。

第三部

重新連結的路徑

第十章
從理解到整合

人是整體的一部分……（雖然）他感覺得到自己，感覺得到自己的想法和感覺，好似那和其餘所有的東西都不同，但那是某種他的意識之視像幻覺。

——艾伯特·愛因斯坦（Albert Einstein）致羅伯特·馬可仕（Robert S. Marcus）16，一九五〇年二月十二日。

愛因斯坦說的視像幻覺（optical delusion），是指我們與周圍的人，也與過往的人是各自單獨的。但是，我們一再看到自己與家族歷史中的人聯繫著，他們未解的創傷變成我們的包袱。如果我們沒有意識到那個連結，我們可能會被過去的感覺和知覺囚禁著。然而，看見了家族歷史，便照亮了讓我們自由的路徑。

有時候，僅僅只是將自己的經驗與家族中未解的創傷聯繫起來，就已足夠。上一章

16 譯註：世界猶太人大會（World Jewish Congress）於一九五〇年代的政治主席。

的卡蘿，在她將自己的核心語言連結上家族創傷時，她的身體立即開始顫抖，好似要抖落原屬於過去的事。對卡蘿來說，光是意識到，就足以引起發自肺腑的核心反應。

對我們某些人來說，除了意識到家族中發生的事情，還需要練習或經驗讓身體更放鬆或更和緩。

地圖之家

看到這裡，你大概已經搜集了核心語言地圖的基本部件。你可能已經發現某些原本以為源於自己的字或句子，事實上卻屬於其他人。你可能也已經與家族歷史建立連結，挖掘出種下這些語言的創傷事件和未說出口的忠誠。現在，是時候把這些部件都集合起來，進行下一步。你需要以下的列表：

- 你的核心控訴：描述你最深層恐懼、掙扎與抱怨的核心語言。
- 你的核心描述：描述你父母的核心語言。
- 你的核心句子：描述你最深恐懼的核心語言。
- 你的核心創傷：處於你核心語言背後的家族事件。

寫作練習十二：和你的家族歷史和解

1. 寫下那帶有最強烈情緒的核心句子，或是當你說出來會在你身體裡產生最強烈情緒反應的句子。
2. 也寫下和你的核心句子相連結的創傷事件。
3. 列出受到這個事件影響的所有人。誰受的影響最深？你的母親？父親？祖父母？叔叔或舅舅？阿姨或姑姑？誰不被認可或不被談起？有兄弟姊妹被送走或早夭嗎？有任何祖輩或曾祖輩的親人離開家族或很早就過世，又或受著煎熬嗎？父親或母親、祖父或祖母之前曾有婚姻或訂過婚嗎？那個人被家族承認嗎？有任何非家族中人，因爲傷害了家族成員而受評斷、拒絕或責備嗎？
4. 描述發生的事。當你寫下來的時候，什麼樣的圖像在你心裡升起？花一分鐘想像他們可能的感覺或經歷。當你想像時，你的身體是什麼感覺？
5. 家族中有任何一個人特別吸引你的注意力嗎？你覺得自己的情緒特別受到拉扯嗎？這在你的身體中會產生共鳴嗎？你身體中的哪個部位感覺到了？這是你熟悉的部位嗎？這個部位會特別敏感或有任何症狀嗎？
6. 把你的手放在那個部位，允許你的呼吸包圍這個部位。

7. 想像與這個事件有關的家族成員。告訴他們，「你很重要。我會做某件重要的事以表示尊敬。我會因爲這場悲劇而做出好事。我會盡可能讓我的人生完整，知道這才是你們要的。」

8. 建構屬於你的語言，來確認你和這個人或這群人的獨特聯繫。

創造個人的療癒語句

無意識重複的傷痛可能會延續好幾個世代。一旦辨識出那些我們擔負的想法、情緒、感覺、行為或徵狀，並不是源於自己，我們就能打破循環。首先，我們要有意識地採取行動，認出創傷事件及受影響的人。通常這始於自己或與家族成員的內在對話（無論是面對面或透過想像）。對的詞語能讓我們擺脫無意識的家族束縛和忠誠，並終結創傷繼承的循環。

傑斯，那位有著失眠症困擾的年輕人，從十九歲開始重現了他伯父在暴風雪中的死因，那場對話在我的辦公室中發生。我請傑斯想像他的伯父站在他面前，並輕聲對伯父說話。按照他的意願，在心裡默唸也可以。我幫傑斯建構這些字詞，並建議他告訴伯

父，「自十九歲起，我每晚都發抖且無法入眠。」傑斯呼吸沉重，我可以聽見他呼氣發出的刺耳聲響。

他的眼皮開始顫抖，眼角有淚。「從現在起，柯林伯父，你會活在我的心中，但不是活在我的症狀裡。」當傑斯用口型無聲默唸出這些字，他流下更多淚。

那刻我說：「聽見你的伯父告訴你呼氣，並且把恐懼釋放出來還給他。失眠症狀不屬於你，它從來不源於你自己。」

儘管傑斯從來沒有見過他的伯父，但只透過此番對話，傑斯就變得平靜。當他呼氣，他的下巴放鬆了，肩膀也輕輕垂下。他的臉頰恢復血色，他的眼睛似乎又恢復生氣，他的內心深處放下了什麼。

雖然傑斯只是以想像演示這場與伯父的對話，但大腦研究顯示，傑斯腦中所活化的區域，和這場對話真實發生時的療癒經驗相差無幾。療程之後，傑斯回報說他已能整晚入睡不受干擾。

療癒語句的範例

我曾經治療過一個個案，他一直無意識地共享他那位被家族拒絕的祖父的孤寂與疏

離。他的語句是這樣的。

「我像你一樣疏離和孤單。我現在知道這並不屬於我。我知道這也不是你要的。我知道，看到我為此受苦，你一定也不好受。從現在起，我的生活會和周遭的人連結，我會用這樣的方式來表達我對你的尊敬。」

另外一個個案，她知道自己一直無意識共享著母親和外婆在關係上的失敗和不快樂。她的語句是以下這樣的。

「媽媽，請你祝福我和丈夫快樂，即使你與爸爸一起並不快樂。因為我尊敬你與父親，我會享受和丈夫的愛，這麼一來，你們都能夠看見我過得很好。」

有一個我曾治療過的年輕女子，她承認她有記憶以來，就一直活在焦慮和緊繃的狀態。她對為了生她難產而死的母親說了以下這些話。

「每一次我覺得焦慮，我就覺得你對著我微笑，支持我，祝福我。每當我感覺自己的呼吸在身體裡移動，我就感覺到你在那裡，而且知道你為我感到開心。」

其他的療癒語句

「與其重複發生在你身上的事情，我答應要完完整整地活出**自己的**人生。」

「發生在你身上的事情不會徒勞。」

「發生在你身上的事情，會變成我勇氣的源頭。」
「我會珍惜你給我的生命，好好地運用它。」
「我會做出有意義的事情，並將它獻給你。」
「我不會把你從我心上抹去。」
「我會為你禱告。」
「我會好好活著，以表達我對你的敬意。」
「我會帶著愛活著。」
「我會從這場悲劇中活出意義。」
「現在我懂了。它幫助我了解了。」

從療癒語句到療癒圖像

無論我們是否意識到，我們的生活深受內在圖像、信念、期待、假設，和我們的觀點所影響。像是「我的生活永遠不會順遂」、「無論我嘗試什麼都會失敗」，或是「我的免疫系統很弱」這樣固有的銘印，會為我們的生活畫下藍圖，限制我們獲得新的經驗，也影響了我們的治癒過程。想像一下你的身體對於這個內在圖像是如何反應，「我

的童年時期很痛苦。」或是這個圖像，「我的母親很殘忍。」或是，「我的父親在情緒上虐待我。」雖然這些圖像很可能是真的，卻也沒有說出全部的故事。你童年時期每一天都很痛苦嗎？你的父親不曾溫柔對待你嗎？你的母親從不曾關愛你嗎？你能準確追溯所有早年的記憶，記得自己嬰兒時期曾被抱著、餵食，在晚上被安放於嬰兒床裡嗎？記得嗎？我們在第五章學到的，那些我們緊握的記憶，是設計來不讓自己再次受到傷害，記憶是為了支持我們保有戒心。演化生物學家認為，記憶某個程度是先天性的「負向偏誤」。有沒有可能我們錯失了某些記憶呢？更重要的是，你曾問過：我母親的傷痛其背後原因是什麼？我父親的失敗是什麼創傷事件造成的？

創造你的療癒語句時，你可能已經注意到有一新的內在經驗開始生根。它可能以圖像或感覺的形式出現，或許是一種歸屬或連結的感受。也許你能夠意識到家族成員的支持照看著你，也許你更加平和，好似某些未解之事即將化解。

這些經驗，都可能使療癒收到重大的效果。基本上，這些經驗建立了感覺完整的內在參照點，每當威脅我們生活平衡的舊有感覺出現，我們就能回頭找到座標。這些新經驗的功能有點像是新的理解、新的圖像、新的感覺，和新的身體知覺所相伴而生新的記憶。它們可能改變生命，並強大到讓縱貫我們人生舊有、侷限的圖像相形失色。

透過儀式、練習和實踐，這些新的經驗和圖像持續深化。以下是許多具創意的方

式，可支持你隨之展開療癒過程。

儀式、練習、實踐和療癒圖像的範例

- **在桌上放照片：**若一個人發現自己擔負著他祖父的愧疚，可以放一張祖父的照片在桌子上。當他呼氣，想像那個愧疚的感覺隨著祖父而去。每每重複這樣的儀式，他會覺得更為輕盈，也更舒坦。

- **點蠟燭：**若一位女子的父親在她嬰兒時期過世，以致她對他沒有任何記憶。她二十九歲時，也就是父親過世的年紀，她離開丈夫，無意識地重複了她父親與家族失去的聯繫。她每晚都點一盞蠟燭，連續兩個月，並想像蠟燭升起的火焰使他們重聚。她會和父親說話，接受他的安慰。儀式結束後，她和人失去聯繫的感覺減輕了。慈愛的父親照顧自己的全新感覺於內在擴大。

- **寫信：**有位男子在大學時期突然和未婚妻分手，二十年後發現自己至今仍無法好好經營親密關係。他後來知道，他的未婚妻在他離開後一年過世了。雖然她再也收不到他的信，他還是寫了一封信，為自己的粗心與冷漠向她道歉。他在信裡說：「我很抱歉，我知道自己曾經多麼愛你，也知道傷你多深。對你來說一定不好受。我真的非常抱歉。我知道這封信再也無法投遞，但希望你能夠收到我的想法。」寫完這封信，他感覺

到無法解釋的平靜和完整。

- **在床頭擺一張照片：**有位女子曾經拒絕母親，她發現，自己在保溫箱裡的早期分離經驗，讓她懷疑並拒絕接受母親的愛。她也開始看見自己如何推開母親，那成了自己親密關係的藍圖。她在枕頭上方的牆壁上，貼了母親的照片，請她母親每晚睡覺時抱著她，讓她卸下防禦。躺在床上，她能感覺母親的安撫。她描述著，母親的愛，像是一股流動的力量讓她強壯。幾個星期後，她覺得每天睡醒時身體輕鬆很多。幾個月之後，她一整天都能在身體裡感覺到來自母親的支持。一年後，她注意到更多人真正進入她的生活。（注意：這位母親還活著，無論父母是否過世，這個做法都是有效的。）

- **建立支持的圖像：**一名七歲的男孩，某天突然患上焦慮症，他罹患拔毛癖（trichotillomania），拔掉了自己大部分的頭髮。他的焦慮很明顯源自家族歷史。他的母親七歲時，他的外婆意外死於腦動脈瘤（aneurysm）。因為悲痛太過強烈，致使他母親從不提起外婆。當他的母親告訴他曾經發生什麼事，他突然開始放鬆了。她請他想像已經過世的外婆是他們兩個的守護天使。她給他看了一張光環的照片，讓他想像外婆的愛像浮在他頭上的光環。每當他摸到自己的頭頂，都會覺得平靜。那天起，他不再拔自己的頭髮。

- **創造界線：**另一位女性，在長大的過程中，覺得自己對酗酒的母親負有責任，她

應該要讓母親覺得幸福與快樂。這樣的互動模式持續到她成年，卻很難讓別人照顧、支持自己。和人相處、在照顧周遭人的感受時，她總不禁感到窒息。她的日常練習，便是坐在地上，用一根線繞著身體的周遭圍上一圈，並注意到，當她畫出自己的空間，她便能夠更自在地呼吸。內在對話時，她告訴母親，「媽媽，這是我的空間。你在那，而我在這。當我還小，為了讓你開心，我會做任何事，但對我來說擔負太重了。現在我覺得自己必須讓所有人開心，正因為這樣，親密感反而讓我感覺窒息。媽媽，現在起，你的感覺在那，而我的感覺在這，和我一起。這條界線，是我尊重自己的感受，所以當我和人產生聯繫，我便不會失去自己。」

相較於長年所擔負的強烈苦痛，我所描述的儀式和練習，看起來微不足道。但研究告訴我們，若我們能重複複習這些新的圖像和經驗，它們愈能被整合。研究告訴我們，這樣的練習，能夠透過產生新的神經迴路進而改變大腦。不僅如此，當我們想像一幅療癒的圖像，便喚醒了有關幸福與正向情緒的大腦區域（特別是左前額葉）。

重要的是，我們要練習新的感受和知覺，使它們深埋於身體。我們練習得愈多，學得愈深入，透過這種方式可能改變大腦，讓我們能更有活力。

療癒語句和身體

在一定程度上，治療和我們結合身體知覺經驗的能力有密切關聯。當我們能夠純粹和體內出現的感覺共處，而不是無意識地對這個感覺採取反應，當內心更加動盪時，我們才有可能保持平穩。洞察力通常作用於我們了解自己的過程中，那些讓人不舒服的時刻，我們才願意對自己寬容。

當你專注於內在，你的感覺是什麼？在你身體裡，伴隨著讓人恐懼的想法和不舒服的情緒所引發的生理知覺是什麼？哪個部位感受最強烈？你的喉嚨會縮緊嗎？你的呼吸會停滯嗎？你的胸口會收緊嗎？你會渾身麻木嗎？你身體裡的震央在哪？是心臟嗎？是腹部還是太陽穴呢？即使感覺波濤洶湧，你都能探索內在疆域，才是重要的。

當你不確定身體的感覺，大聲唸出你的核心句子。唸出來，並觀察身體。你覺察到細微的顫抖嗎？還是下沉的感受？麻痺？無論你有沒有感覺到，都沒關係。把手放在那個你想像中或真的有感覺的身體部位。接著，帶著你的呼吸到這個部位。把空氣吸進身體裡，讓那整個部位感到有所支撐。你可能得想像你的呼氣像一束光，照亮了身體那個部位。接著，告訴自己這句話：「我會照顧你。」

想像你是跟一個覺得自己隱形起來、不被傾聽的小孩說話。很有可能那裡真的**有**個小孩，是你長久以來被忽略的某個部分。想像這個小孩一直等待有一天被你正視，而今天就是這天。

我們能對自己說的療癒語句

把手放在你的身體上，當你默唸以下語句時，深呼吸：

「我會照顧你。」
「我在這裡。」
「我抓住你了。」
「我會和你一起呼吸。」
「我會安慰你。」
「無論你覺得害怕或是不堪負荷，我都不會離開你。」
「我會和你一起。」
「我會和你一起呼吸，直到你平靜下來。」

當我們把手放在身體上，導引語句和呼吸深至內在，我們支撐了自己最脆弱的部

分。這麼做，讓我們有機會緩解或釋放那難以忍受的經驗。長久以來的感覺或不舒服現在能空出來，讓遼闊的感覺和幸福進駐。當新的感覺開始生根，我們能感覺自己從身體裡獲得更多支撐。

治療我們與父母的關係

第五章中我們學到，當聯繫受損，我們的活力（從父母而來的生命力）便會受到阻礙。當我們拒絕、評斷、責怪父親或母親，或是讓自己和他們疏遠，那影響也會回到我們自己身上。我們可能不會意識到，但推開父親或母親，就好像我們推開了某部分的自己。

當我們剪斷和父母的聯繫，那些我們在他們身上所標記的負面特質，有可能會無意識地表現在自己身上。舉例來說，如果我們覺得父母冷漠或挑剔或具攻擊性，我們可能也會覺得自己冷漠、自我挑剔，或甚至暗地裡具攻擊性，這些正是我們拒絕的。

解決的辦法，是找到方式讓父母回到自己內心，並意識到那些我們在他們身上（也是在我們身上）所拒絕的特質。這樣一來，我們便有機會將艱困轉化為能帶給我們力量的東西。我們得發展出方法，和自己內心深處的痛苦相處，那我們從家族承接而來的痛

苦，才有機會被移轉。例如殘忍的特質轉化為仁慈，我們對人的評斷能變成惻隱之心的基石。

要能和自己和平相處，通常始於我們與父母的和解。意思是說，在他們所能給予你的之中，你能接受到好的部分嗎？當你想到他們，你身體能保持放鬆嗎？如果他們在世，當你和他們一起，能夠放下戒心嗎？

如果你發現自己在顫抖或是覺得有防禦心，或是你會進入照顧他們的模式，也許在你嘗試和他們面對面和解之前，還需要完成很多內在的功課。

即使他們已經過世、在獄中或深陷痛苦的海洋，治療也可能發生。是否有一段回憶、一股善意、一幅溫柔的圖像、一份理解、一種你的父母表達愛的方式，是你願意接受的？讓你自己和一幅溫暖的內在圖像連接起來，可能得以開始改變你與父母的關係。你不能改變過去，但你能改變現在，只要你不期待父母改變，或期待他們以任何一種方式變成不是他們的樣子。是你需要用不同的方式維繫這段關係。這是你的功課，不是你父母的。問題是，你願意嗎？

著名的佛教禪師一行禪師（Thich Nhat Hanh）教導說，當你對父母生氣，「你是在對自己生氣。好像是整株玉米對玉米粒生氣一樣。」他說：「如果我們對自己的父親或母親生氣，我們得要深深吸氣、吐氣，找到和解之道。這是通往幸福的唯一途徑。」

和解主要是內在的活動。我們與父母的關係並不關乎他們做的事、他們是誰，或他們怎麼回應。而是我們怎麼做。改變發生在我們身上。

直到藍迪知曉他父親在戰場上失去了最好的朋友，他才了解為什麼父親這麼疏離。藍迪過去常常覺得他父親的疏離是針對他。知道這個故事改變了一切。當他的父親葛蘭和他兒時摯友唐恩的部隊在比利時與其他部隊聯合起來對抗德國人時，他們在機緣巧合下相聚了。激烈的炮火中，唐恩拯救了葛蘭的生命。唐恩的脖子中彈，在葛蘭的懷中死去。葛蘭回到家鄉，結婚、建立家庭，但他窮其一生都無法完全享受他所擁有的一切，因為他知道唐恩永遠也沒有機會擁有了。

為了自己評斷他、推開他，藍迪向父親道歉。他不再期待葛蘭會以他渴望的方式與他連結。相反地，藍迪能夠以父親原本的樣子愛他。

我們在前面幾章學到的，有助於我們知道家族中發生了什麼，使父母受傷至深。疏離、批評或具攻擊性的起源是什麼？知道這些事件，能打開了解他們為何痛苦的大門，也打開自己的。當我們知道造成父母痛苦的創傷事件，我們的理解和同感始得讓舊傷黯然失色。有時候僅是說出一句，「爸爸、媽媽，很抱歉我這麼疏離和逃避」，就能打開我們內在連自己都會驚訝的某個東西。

在《字詞能改變你的大腦》（*Words Can Change Your Brain*）這本書中，作者安

德魯．紐柏格（Andrew Newberg）是一位任職於湯瑪士．傑斐遜大學醫院（Thomas Jefferson University Hospital）的神經科學家，他和他的同事馬克．瓦德門（Mark Robert Waldman）寫道，「單單一個字詞就有足夠力量，影響會調節生理和情緒壓力的基因表現。」他們解釋，僅僅是專注於正向的字詞，就會影響腦區活動，增進自我感知，以及增進對於和我們互動的他人的感知。

拒絕父親或母親的治療語句

1.「很抱歉我一直很疏離。」
2.「無論什麼時候你向我伸出援手，我都把你推開了。」
3.「我很想念你，卻很難說出口。」
4.「爸爸／媽媽，你是很好的爸爸／媽媽。」
5.「我從你身上學了很多。」（回想並分享正向的回憶。）
6.「很抱歉我一直很難相處。」
7.「我一直很挑剔。這讓我很難靠近你。」
8.「請再給我一次機會。」
9.「我想和你親近一些。」

10.「很抱歉我總是逃避。我保證，在我們剩餘的相處時間裡，我會靠近一些。」
11.「我真的很喜歡我們彼此親近。」
12.「我答應不會再要你向我證明你的愛。」
13.「我不會再期待你的愛應該要是某種固定的模樣。」
14.「我會接受你的愛，並且是接受它原本的樣子，而不是我期待的樣子。」
15.「我會接受你的愛，即使我在你的話裡感受不到愛。」
16.「你已經給我很多了，謝謝你。」
17.「爸爸／媽媽，我今天過得很糟，我只是需要打電話給你。」
18.「爸爸／媽媽，我們可以再說一下話嗎？聽到你的聲音就讓我覺得安慰。」
19.「爸爸／媽媽，我可以坐在這裡嗎？坐在你旁邊感覺很好。」

在嘗試治療你和父母嚴重破裂的關係之前，你可能會想要先與身體中心的治療師（body-centered therapist）一起合作幾次，或是培養正念（mindfulness）冥想練習，來學習能讓你與身體知覺聯繫上的方法。當你能觀察自己對於壓力的反應，在你最需要的時刻，你便能監控並給予自己需要的東西。培養引導你、支持你的內在感覺非常重要。舉例來說，學習特定的呼吸方法，能夠讓你知道自己身體的限制，如此才能以適合自己

的速度進行，或是保持你認為適當的距離。適當的距離能讓你放鬆，才不致需要用防禦或退縮的方式來維持聯繫。一道堅固但具彈性的界線，能讓你有適切的空間去感受自己的感覺，與此同時，也能讓你享受和父母重新建立的療癒連結。最終，當你學會如何用深呼吸去感受身體，你就不需要離棄身體了。

對已逝父親或母親的治療語句

即使我們與父母的外在聯繫已經太遠或不存在了，我們與父母的內在聯繫還是持續變化。甚至父母已經過世，我們還是能對他們說話。以下幾個句子，能幫助你重建被破壞或從未發展出的聯繫。

1. 「在我睡覺時，當我的身體比較放鬆也比較容易觸及之時，請抱著我。」
2. 「請教導我如何信任、如何讓愛進來。」
3. 「請教導我如何接納。」
4. 「請幫助我在身體裡更感覺平靜。」

對從未謀面或疏遠的父親或母親之治療語句

當父親或母親早逝，或是將我們送給他人扶養，那痛苦可能難以承受。某種意義上

來說，最初的離開通常會鍛冶出無意識的藍圖，導致我們之後的人生中，發生許多拒絕和遺棄的經歷。痛苦的循環必須終結，只要我們的生命持續覺得受委屈或受害，很可能就會延續這個模式。唸出以下的句子，想像你是對未知或疏遠的父母所說。

1.「如果你離開或是把我送走會讓事情容易許多，我了解的。」
2.「我會停止責怪你，我知道這只會讓我們變成彼此的人質。」
3.「我會在其他人身上得到我所需要的，讓過去發生的事產生好的結果。」
4.「我們之間發生的事情，會變成我的力量的泉源。」
5.「因為它的發生，所以我獲得了可仰賴的特殊力量。」
6.「謝謝你賜與我生命。我保證不會浪費或糟蹋它。」

當我們與父親或母親融合的治療語句

雖然有些人拒絕接受父母，也有人可能以一種模糊了個人特質、消磨了本身個性的方式，和父親或母親融合相處。在這個融合的關係中，我們可能會錯失了自我認同的機會，或忘了我們是誰、我們有什麼感覺。如果你是這樣，你可以將以下句子唸出來，好像是母親或父親說給你聽的。想像她或他的聲音對你說著這些字，而你的身體敞開並接受。注意哪些字詞或句子深深打動你。

想像你的父母對你說出一句或多個句子

1.「我愛你原本的樣子。你不需要做任何事情以贏得我的愛。」
2.「你是我的孩子，而你已與我分離。我的感覺不需要是你的。」
3.「我和你太過親近了，而且我看到它對你的傷害。」
4.「我的需求和情緒一定很壓迫。」
5.「我的需求讓你難以為自己騰出空間。」
6.「我現在會後退一步，這樣我的愛就不會讓你無法忍受。」
7.「我會把你需要的空間留給你。」
8.「我靠你太近，以致你沒有辦法了解自己。現在我會站在這裡，欣喜地看你站在那裡過日子。」
9.「你一直照顧我，而我也這麼允許，但不會再這樣了。」
10.「對任何孩子來說，這都太沉重了。」
11.「任何嘗試要解決這件事的孩子都會覺得肩負重擔。但那不是你的。」
12.「退後一步，直到你能感覺到自己的人生流淌在身體裡。只有這樣，我才能獲得平靜。」

13.「我一直不能面對我自己的痛苦，直到現在為止。應屬於我的卻一直在你那裡。現在是時候把它們還給我了，回到它真正的歸屬，我們才能解脫。」

14.「你已經給了我太多，卻給父親（或母親）太少。我會很開心看到你們彼此親近。那才是你該在的地方。」

現在想像你的父母站在面前，並注意自己是不是想向前或後退。你需要站近一點或遠離一些呢？你身體的感覺，能讓你知道什麼才是對的距離嗎？正確的距離可能讓我們感覺敞開心、柔軟或放鬆。如果是這樣，我們就有更多空間能夠感覺自己。當你找到對的距離，說一句或多句以下的句子，這些話說出來後，仔細注意你的感覺。

想像你對父親或母親說出一個或多個句子

1.「爸爸／媽媽，我在這裡，而你在那裡。」
2.「你的感覺在那裡和你一起，而我的感覺在這裡和我一起。」
3.「請待在那裡，但不要離得太遠。」
4.「當我有自己的空間，我的呼吸輕盈多了。」
5.「當我試著照顧自己的感覺，那讓我退縮了。」

6.「那對我來說太重了，以致我想像不到我能夠讓你快樂。」

7.「我現在知道，當我讓自己和你站在一起，只會讓我們兩個都不被看見。」

8.「現在起，我會完全地過自己的人生。知道你會在背後支持我。」

9.「每當我感覺呼吸在我身體裡流淌，我就會知道你為我開心。」

10.「謝謝你看見我，傾聽我。」

如果你已經按照本章的步驟練習，你可能已經注意到有種新的平靜存在於心。你所說的這些治療語句，你所經歷的這些圖像、儀式、實踐與練習，可能會有助於你與所愛之人的關係，或幫助你緩解無意識中和某位家族成員的糾葛。如果你已跟隨這些步驟，但覺得還需要更多，下一章會提供你另外一個謎題的線索：探索你生命的最初幾年。年幼時和母親的分離，可能會讓我們與生活隔離，從而阻斷了朝向我們而來的解方。下一章，我們會探索早期分離的影響，以及它以各種方式在我們的關係、成功、健康與幸福之中留下了什麼印記。

第十一章

分離的核心語言

沒有什麼比母親的影響力還要強大。

——莎拉·喬瑟法·海爾（Sarah Josepha Hale）《女士雜誌與文學公報》（*The Ladies' Magazine and Literary Gazette*），一八二九年

不是所有的核心語言都源自之前的世代。核心語言有一種特質，能反映孩童與母親分離而感到壓迫的經歷。這一類的分離是生活中最普遍卻最常被忽略的創傷之一。當我們經歷了與母親聯繫的重大斷裂，我們的詞語可能反映了隱形且還未癒合的強烈渴望、焦慮和挫敗。

之前的章節，描述了生命是如何從父母親傳遞給我們，基本上為我們如何理解自己的生命奠定了藍圖。這張藍圖始於子宮，甚至在我們出生之前就已成形。這段時間裡，母親就是我們的整個世界，一旦我們出生，她的觸覺、凝視與氣味，就是我們與生命本

身的聯繫。

雖然我們那時太小，還無法理解生命，母親卻以適宜攝取和吸收的劑量，將我們自己的經驗反向傳遞給我們。理想世界中，當我們哭，她的臉就顯現出憂慮。當我們笑，她就開心綻放，反映出我們的每一種表達。當母親與我們同步，她便透過溫柔的觸摸、皮膚的溫暖、穩定的注意力、甜美的微笑，為我們注入安全感。她用她擁有的所有「好東西」填滿我們，而我們的內在則發展出一個「好的感覺」的寶庫作為回應。

最初幾年，我們需要在寶庫中存下足夠的「好東西」，才能確信即使暫時迷失方向，但好的感覺會持續留存於心。當寶庫的存量足夠，就能相信生活會好起來的，即使受到逼迫我們迷航的干擾。若我們從母親那裡接受的很少，或根本沒有接受到「好東西」，就很難在生活中維持信念。

在很多層次上，我們關於「母親」與「生活」的形象是相互關聯的。理想的狀況，母親滋養我們，並確保我們安全。她安慰我們，提供我們在環境中的生存所需，因為我們太小還不能自給自足。當我們這樣受照顧，就能感覺我們是安全的，以及知道生活會提供我們所需。反覆從母親那裡獲得足夠的需求之後，我們學習到也可以為自己提供所需。基本上，我們感覺自己「足以」讓自己「足夠」。生活，大致說來，似乎能提供我們需要之物。當我們和母親之間的流動是自由的，健康、財富、成功和愛，似乎都能鋪

展在我們的路上。

然而，當我們與母親的早期聯繫斷裂了，恐懼、缺乏與不信任的烏雲籠罩可能會成為預設。無論這一斷裂是永久的，像是收養，或是暫時的，卻沒有完全修復，這一道擋在母親與孩子之間的裂口，可能就會成為人生中滋養許多折磨的溫床。如果這一聯繫持續受干擾，我們似乎就會失去生命的脈動。好像我們被碎成片段，需要母親替我們拾起、拼好。

如果這一斷裂是暫時的，在那分離之後，母親能保持穩定、持續陪伴、樂於迎接重聚的時刻是重要的。失去母親的經驗可能非常具破壞性，以致我們也許會猶豫或抗拒重新與她連結。如果她無法接受我們的猶豫不決，或是她把沉默視為拒絕，她可能會透過防禦和疏遠作為回應，從而傷害或破壞了雙方之間的聯繫。她可能永遠不會了解自己為什麼和孩子失去聯繫，於是教養我們的過程中帶有自我懷疑、失望與不安全感。或更糟的，對孩子煩躁和憤怒。無法癒合的裂痕，會動搖我們未來人際關係的基礎。

這些早期經驗的基本特徵是，我們在記憶庫中檢索不到。懷孕期間、嬰兒和幼兒時期，我們的大腦還不能將這些經驗轉化為故事形式，再變成記憶。沒有那些記憶，我們未能實現的渴望，在潛意識中就成了衝動、渴求和期盼。我們透過新的工作、下一段假期、下一杯紅酒，或下一位伴侶來尋得滿足。同樣地，早期分離的恐懼和焦慮會扭曲我

們的現實，讓我們在困難和不舒服的狀況下，覺得天崩地裂、具生命威脅。

墜入愛河可以釋放激烈的情緒，因為那很自然地把我們帶回到與母親相處的早期經歷。我們傾向對伴侶有類似我們對母親的感覺。我們遇到一個特別的人，會告訴自己：「終於，我找到一個能照顧我的人，這個人了解我所有渴望，並給我所有我需要的。」但這些感覺終究只是孩子渴望重新體驗與母親的親密，想再次感覺母愛的幻象。

很多人不自覺地期待，我們的伴侶能實現原本母親無法滿足自己的需求。這一錯誤的期盼，是失敗和失望的源頭。如果我們的伴侶開始表現得像父母一樣，並嘗試去滿足我們未能實現的需要，浪漫的愛就消失無蹤了。如果伴侶不能滿足我們的需求，我們會感覺被背叛與被忽視。

早期與母親的分離，可能會破壞我們在浪漫關係中的安穩。不自覺地，我們會擔心親密感消失或被奪走。而我們的回應，除了緊緊抓著伴侶，就像我們可能會緊抱著母親，不然就是把伴侶推開，因為預期那親密感終究會消失不見。在關係中，我們通常會同時表達這兩種行為，而我們的伴侶則會感覺自己被困在情緒的雲霄飛車裡，沒有終點。

分離的種類

雖然絕大部分的女人在當母親時，都帶著最善良的初衷，但出於母親無法控制的狀況，可能導致她不得已得提早和小孩分離。有些物理空間上的分離是會發生的，除了領養，有些事件會延長分離的時間，像是出生後產生的併發症、住院和疾病，工作或是長時間離家的旅程，都可能會威脅到發展中的聯繫。

情緒的斷裂也可能發生。母親雖然在孩子身旁，但是她的專注與注意卻零零星星，孩子便可能感覺不到安全和保障。我們還是孩子的時候，需要感受得到母親的情感和能量，就像我們需要她實際上的陪伴一樣。當母親遇到創傷事件，像是生病、流產、失去孩子、父母、伴侶或失去家，她的注意力都會從我們身邊被拉走。因此，我們便經歷了失去她的創傷。

母嬰之間的聯繫斷裂也可能發生於子宮。很高程度的恐懼、焦慮、憂鬱，或和伴侶的高度壓力關係、深愛的人過世、在懷孕時期周遭環境的負面對待、之前的流產，都可

能打斷她和子宮裡發育中的寶寶共同調頻（attunement）[17]的狀態。

如果我們經歷過母親早期照護或注意力的短暫失神，或是懷孕與分娩困難，這些東西都會留下來。幸運的是，修復聯繫的潛力並不限於童年時期。治療可能發生在人生中的任何時刻。第一步是找出我們的核心語言。

分離的核心語言

像我們在本書中探討過的其他創傷，這些早期分離為核心語言提供了蓬勃生長的沃土。當我們要找到將斷裂聯繫起來的核心語言，經常會聽到渴望聯繫、憤怒、論斷、批評或冷嘲熱諷的話語。

早期分離的核心句子範例

「我會被丟下。」

「我會被遺棄。」

「我會被拒絕。」

「我會孤單一人。」

「沒人會和我一起。」
「我會很無助。」
「我會失去控制。」
「我不重要。」
「他們不要我。」
「我不夠好。」
「我是太重的負荷。」
「他們都會離開我。」
「他們都會傷害我。」
「他們都會背叛我。」
「我會被徹底擊敗。」
「我會消失。」
「這根本沒有希望。」

17 譯註：在嬰兒發展的研究中，這個詞用以描述主要照顧者和嬰兒因為彼此互動而相互微調的過程。

像這樣的核心句子，也可能來自於家族中之前的世代，並且也不完全是因為與母親的聯繫斷裂。我們可能生來就有這樣的感覺，卻永遠不知道它從何而來。

早期分離共同的特徵，是母親堅決的拒絕，混合著責備她不能符合我們需求的情緒。但也不總是這樣的情形。我們可能會感覺到對母親深深的愛，但因為這份聯繫從未發展完全，會覺得她脆弱易碎，以致非常需要我們的照顧。因為我們感覺自己需要與她聯繫，那個趨向就反過來了。不知不覺地，我們會嘗試對母親付出其實是自己極其渴望的滋養。

聯繫斷裂的人，普遍會說出我們在第七章討論過的核心控訴或核心描述。我們回想一下。

- 「母親冷漠而疏離。她從不抱我。我一點也不相信她。」
- 「我的母親太忙了，她從來沒有留時間給我。」
- 「我的母親和我非常親近，我感覺自己是在照顧妹妹。」
- 「我的母親虛弱而且脆弱，我比她要強壯多了。」
- 「我從來不想變成母親的負擔。」
- 「我的母親很疏離、情緒不穩定，而且很挑剔。」
- 「她總是推開我，她不真的在乎我。」

- 「我和她真的沒有什麼關係好維繫。」
- 「我和外婆比較親近。她才是那個呵護我的人。」
- 「我的母親完全以自我為中心。什麼都繞著她轉，她沒有給予我任何愛。」
- 「她非常會算計和操縱人。我和她一起不覺得安全。」
- 「我很怕她。我永遠不知道下一刻會發生什麼事。」
- 「我和她不親，她沒有什麼母性，不像是個母親。」
- 「我從來不想要孩子。我從來沒有在內心產生過這種母性的感覺。」

汪達的孤單

汪達六十二歲了，她非常抑鬱。她經歷了三段破碎婚姻、酗酒，度過許多孤單的夜晚，汪達的人生很少有一絲平靜。她對母親的核心描述道盡一切。

汪達的核心描述：「我的母親漠然、冷淡而且疏離。」

我們來看看產生這類核心描述的事件。汪達出生前，她的母親伊芙琳遭遇了可怕的悲劇。伊芙琳當時照顧自己新生的女嬰時，不小心睡著了，一個翻身竟悶死了孩子。當她起來查看汪達從未有機會謀面的姊姊蓋兒，卻發現她在自己臂彎中沒了氣息。在她傷

心欲絕的時刻，她和丈夫做愛並懷上了汪達。再次懷孕是禱告有了回音，讓他們得以忘卻過去，向前看。但像那樣的過去，是不可能被忘記的。蓋兒可怕的死亡事件及隨之而來的罪惡感，將會在各個層面滲進伊芙琳的母愛之中。那影響了她如何與之後的孩子連結，限制了她的愛的一致性與可用性。

汪達相信母親的疏離是針對她而來的。每個處在那個情況下的小女孩都會這麼覺得。汪達記得自己年幼時被母親抱著，她的冷漠與自我保護的反應。汪達覺得母親一定是不愛自己，所以武裝起來。

也許伊芙琳覺得自己是個失格的母親，不值得擁有另一個孩子。也許她覺得自己經過蓋兒的事件，不值得被給予第二次機會。也許她覺得汪達，這第二個孩子，也會死去。而她無法再承受這樣的痛苦，於是不知不覺地與其疏離。也許汪達在母親的子宮裡就已感覺到這樣的距離。也許伊芙琳覺得若自己和汪達太過親近，把她抱在懷中，就可能再次傷害她。無論伊芙琳的想法和情緒是什麼，蓋兒之死的創傷讓她與汪達漸行漸遠。

汪達花了六十年才建立起這兩件事的連結，知道她母親的漠然和蓋兒的事件相連結，並不是針對她。她窮盡一生的時間怨懟、討厭母親，因為母親沒有給她足夠的愛。當她終於理解母親深深的痛，汪達在診療中突然起身緊抱著皮包。她說：「我必須回

家，沒剩多少時間了。我的母親已經八十五歲，我得告訴她我愛她。」

早期分離的焦慮

那男人出現在家門口時，珍妮佛兩歲。她聽見母親大聲喘息，接著看到母親癱倒在地上，抽泣著。那個男人說，她的父親在鑽油平台爆炸中喪生。她母親二十六歲就成了寡婦。那天，母親第一次沒有抱珍妮佛上床睡覺，在她快要入睡時親吻她的額頭。

那夜之後，事情都不再相同了。珍妮佛和她四歲的哥哥被帶到阿姨家住了幾個星期，因為母親受到太大震撼而影響生活。那段時間裡，她會去探望孩子們。珍妮佛會衝去門前見母親，但那好像一個陌生人佔據了母親的位置。這個臉頰紅腫的女人會彎下腰來抱她，她卻不認得那是母親。當母親的胳膊緊摟她的身體，她僵住了。她想要跟母親說自己有多害怕，雖然才兩歲，她已經開始知道母親完完全全不同了。母親似乎很脆弱，也不太能夠付出了。珍妮佛花了很多年的時間才挖出這段記憶。

珍妮佛第一次恐慌發作是二十六歲。她才剛成功地對公司的管理團隊報告完工作，正搭乘地鐵回家。突然，她的視線變得模糊，好像隔著水望出去。她的耳朵似乎塞住了，頭暈了起來且感到害怕。這種感覺對她來說很陌生，她以為自己中風了。她發現自

已動彈不得，無助卻無法求救。

再一次發作是幾個星期後，在某一次要報告之前。再之後一次發作是購物時。而後到那個月底，恐慌發作每日都會發生。

如果珍妮佛聽得到自己的核心語言，她會發現像這樣的句子，「我無法熬過去的。」「我失去了一切。」「我會失敗。」「他們會拒絕我。」「他們再也不要我了。」

當她碰觸到這些恐懼，離回家就剩一半的路途了。

珍妮佛開始記得她生命中早期感覺無助與無依的時刻。雖然她和母親很親近，但她會用脆弱、孤單、需要關懷、甜美且有愛心來形容母親。當她說出這些字詞，其實就已準備好要開始與過去的無助產生聯繫，那當她還是小女孩時，嘗試要和緩母親的強烈悲痛所感覺到的無助。對小女孩來說，嘗試安撫母親是不可能的任務，因此讓珍妮佛覺得孤單、不安全，並害怕失敗。

將珍妮佛的恐慌發作與童年經驗聯繫上，讓她能對焦慮的源頭對症下藥。每當那恐慌的感覺又升起，她可以提醒自己，這些感覺僅屬於當時飽受驚嚇的小女孩，而能將其驅散。一旦她辨認出自己內在的感覺，便可以減緩焦慮累積的速度。珍妮佛學習如何提升呼吸的品質，在此同時，將注意力維持在她胸腔那焦慮的感覺上。她也學著說出那些

能安撫還是個小女孩時的她的話。她會深呼吸然後說：「我在這裡，我會照顧你。你再也不必獨自面對這份感覺。你可以相信我，我會保護你的安全。」珍妮佛愈練習，她就愈相信自己能夠照顧自己。

拔毛癖——「自根部分離」

這十六年來，凱莉反覆地拔下頭髮、眉毛和眼睫毛。她戴著假睫毛，畫眉線，頭髮往前梳，好隱藏底下禿掉的頭皮。拔毛是凱莉的夜晚儀式。每天晚上九點，她會獨自坐在房間，被佔據全身的焦慮感淹沒。她的手「需要做點什麼」，必須猛拽起大把毛髮才能獲得平靜。「這就像是一種釋放，」她說：「讓我放鬆。」

當凱莉十三歲，她最好的朋友米雪兒拒絕了她。凱莉從不知道自己做了什麼讓米雪兒突然與她拉開距離，但凱莉無法承受這種失去的感覺。那之後，凱莉就開始拔頭髮。「我一定有什麼問題，」她想，「我一定有什麼地方做得不好，以致無法讓她想跟我待在一起。」你很快會看見這些句子像指示燈，沿著她核心語言景觀的高速公路閃爍著。這些句子存活在意識可察覺之下，引導凱莉進入那更先前、更重要的事件——她與母親斷裂的連結。

凱莉一歲半時，因為接受腸道手術，必須與母親分離十天。由於醫院探視時間約晚上九點結束，凱莉的母親每天晚上必須離開她，回家照顧新生的妹妹與凱莉的哥哥。

人們只能想像當凱莉的母親離開她，留她獨自一人時凱莉所經歷的焦慮。這些焦慮無意識地透過一個方式表現出來，那便是凱莉的拔毛癖。每天晚上大約九點，它們就會在凱莉的身體裡翻攪，直到她找到處理焦慮的替代方法——真正拔出自己的毛髮。

凱莉最深層的恐懼在她的核心句子中表露無遺，領她回到創傷的根源。「最可能發生在我身上最糟糕的事，就是我會獨自一人。我會被丟下。我會瘋掉。」

凱莉的核心句子：「我會獨自一人。我會被丟下。我會瘋掉。」

凱莉十三歲時，她重新經歷了這些感覺。米雪兒和凱莉曾經形影不離。突然間，米雪兒離凱莉而去，轉而和另一群引人注目的女孩們當朋友。那時，所有女孩都不理凱莉了，她覺得「被丟下、被拒絕、被冷落」。

那個經驗，廣義地說來，其實可以看作是凱莉所「錯失的機會」，因為它指出了能讓凱莉更徹底痊癒的方向——那被母親留在醫院而造成的更深、更重要的創傷。然而，一旦正視自己的困難之處，不是每個人都能將其看作通往未來的方向指標。相反地，我們會專注於減輕痛苦，很少追本溯源至痛苦之始。當我們意識到核心語言的智慧，那受苦的徵兆便成為我們最有力的盟友。

凱莉的拔毛癖之隱喻

凱莉的核心語言顯現出她深深害怕「被孤立」。事實上，她拔毛髮的行為（為其非語言形式的核心語言）就發生在米雪兒離去時。當凱莉的拔毛癖揭露了她的原始創傷，那同時也是本應互相歸屬的二者卻彼此分離的隱喻。凱莉將毛髮從毛囊中分離出來。這個圖像類似於嬰兒被迫離開母親的懷抱。

怪異的行為，通常是仿效了無法被有意識地觀察或檢視的事物。當我們停下並探索這些症狀，那更深層的真相就會在我們面前顯露。症狀通常會指出我們需要治癒或解決的方向。凱莉採用了這樣的方式拔下毛髮，卻也帶她追溯至痛苦的源頭，將她從畢生的焦慮中釋放了。

凱莉的決心

凱莉找到了那因為「被獨自丟下」而不舒服的感覺是在肚子附近。她把手放在焦慮的部位，並允許她的呼吸充滿腹腔。當她感覺到手掌因為呼吸升起又落下，她想像自己握著並搖晃安撫她內在那個仍然感到害怕和孤獨的孩子。如此律動使她平靜的同時，她告訴自己，「當你覺得孤單或害怕，我永遠不會離你而去。我會把手放在這裡，和你一

起呼吸，直到你再次平靜下來。」經過這次診療，凱莉不再拔出毛髮了。

分離：內在衝突的源頭

有時候，我們會找不到出口。因為我們無法在身體深處感覺到放鬆，我們會藉由再一杯紅酒、再次購物、再一封短訊或電話，或再找一位性伴侶來尋求安慰。然而，當這個需求的源頭是渴望母親照顧，我們便很難從這些行為獲得安慰。對我們這些沒能得到完整母愛的人而言，便可能深陷無止境尋求安慰的世界裡。

米爾娜的母親在她兩歲時，陪同父親去沙烏地阿拉伯出差，留米爾娜給保姆照顧三週。第一週，米爾娜緊緊抓著母親冬夜裡搖著她入睡所穿的毛衣。透過熟悉的觸感與氣味，米爾娜會拿毛衣裹住自己，好似母親哄她入眠。第二週，當保姆給米爾娜毛衣，她拒絕了。取而代之的是，她轉身、哭泣，吸著拇指入睡。

三週後，她母親興奮地穿過門廊要抱女兒。母親原本期待米爾娜會像以前一樣奔向她的懷抱，這次米爾娜卻只是抱著娃娃，沒有抬起頭來。米爾娜的母親驚慌失措，不由自主地注意到自己的身體因受拒絕而緊繃。接下來的日子，米爾娜的母親為了合理化這個經驗，她告訴自己，米爾娜變成了「非常獨立的孩子」。

米爾娜的母親沒有意識到恢復她們微妙聯繫的重要性，她忽略了小女兒的脆弱，讓自己保持了一些距離。這段距離持續存在於她們之間，加深了米爾娜的孤單。這樣的距離滲透到米爾娜的生活經歷中，從而削弱了她後來在關係中感到安全的能力。她的核心語言表達出被遺棄和沮喪的感覺。「不要離開我。」「他們永遠不會回來了。」「我會孤單一人。」「我不被需要。」「他們不了解我是誰。」「我不被了解與看見。」

對米爾娜來說，墜入愛河是不可預測的雷區。隨著需要他人而來的脆弱如此可怕，以致每次她往自身的欲望邁出一步，更深層的恐懼就會擄獲她。因為米爾娜無法將這份衝突連結至童年經驗，她總在每個嘗試愛她的男人身上發現缺點，並在他們離開她之前便先行離去。直到她三十歲，她已經說服自己離開三段有可能進入婚姻的關係。

米爾娜的內在衝突也影響了她的職涯。每當她接受一個新的職位，都不禁懷疑並擔心會發生不可避免的慘劇，害怕一定會嚴重地搞錯了什麼事。他們可能不會喜歡她，她沒有足夠能力應付工作，他們會疏遠她，她不能相信他們，他們可能會背叛她。這些也是米爾娜對伴侶不可言說的感受，這些感受與米爾娜和母親未解的感受相似。

我們當中有多少人與米爾娜有著類似的內在衝突，同樣也無法確定源頭？我們和母親的早期聯繫不容小覷。她是我們進入世界的第一份關係，她是我們的初戀。與母親的聯繫或缺乏聯繫，構成了我們生活的基本藍圖。理解我們小時候發生的事，便能揭露其

中隱藏的祕密，以此獲知我們在關係中受苦的緣由。

生命之流的中斷

關於我們是誰、生命會如何展開的最早圖像始於子宮。懷孕期間，母親的情緒滲透進我們的世界，影響我們的性格特質是冷靜還是壓抑、感受敏銳或好戰、寬容或是固執。

「（孩子的）心靈演變成本質上堅硬、稜角分明、危險，或柔軟、流動或開放，很大程度上，取決於母親的想法和情緒是積極且堅定的，或消極且充滿矛盾的。」湯瑪士・凡尼說道。「這絕對不表示偶爾的疑惑和猶豫會傷害你的孩子。那種感覺自然無害。我說的是一種明確的、持續的行為模式。」

當我們與母親的早期經驗被重大的斷裂給阻斷，痛苦和空虛的裂片會粉碎幸福，使我們自根本的生命之流脫離。如果母親與孩子（或照顧者與孩子）的關係持續斷裂、空虛，或被冷漠充滿，那麼一連串的負面圖像，可能會使孩子陷入沮喪和自我懷疑的模式。極端的例子中，當負面圖像持續不斷、不可動搖，孩子便可能對他人顯露出沮喪、憤怒、麻木或無同理心。

這種情況，通常和反社會行為及精神病行為有關。在肯・馬奇地博士（Ken Magid）和卡洛爾・麥凱爾維（Carole McKelvey）的《高風險：沒有良知的孩子》（*High Risk: Children Without a Conscience*）這本書中提到：「我們都有一定程度的憤怒，但精神病患者的憤怒源於嬰兒時未受滿足的需求。」馬奇地和麥凱爾維不斷描述，嬰兒經驗到的「無法理解的痛苦」，是出於被遺棄或早期聯繫斷裂。

精神病患和反社會人格者坐落於廣大光譜中的極端，在那裡能觀察到嚴重的聯繫中斷。這些極端的例子，反映出母親或早期照顧者的角色，對於形塑孩子發展中的同情心、同理心，以及尊重自己、他人與所有生命是如此至關重要。

然而，我們大部分的人即使經歷過與母親早期聯繫的斷裂，即使有缺憾，都還是能獲得足以滿足的需要。要期待母親百分之百完全為孩子調整是不切實際的，調整中有所阻斷的情況勢必會發生。而那一旦發生，修復的過程可以是一種積極的成長經歷，讓母親與孩子都有機會，學習處理短暫的痛苦時刻，然後互相支持，重新建立連結。最重要的是修復，反覆修復的關係實際上建立了信任，有助在母子間建立安全的依附關係。

即使我們與母親的連結相對來說完好無缺，我們可能仍得應付我們不理解的感受。我們可能要掙扎著擺脫被遺忘、被拒絕、被拋棄的恐懼，或覺得被看穿、被羞辱或感到丟臉。然而，若我們在自己與母親的早期相似經歷中（可能是我們不記得的時期），能

看見這些感受，我們便可以更加意識到缺失了什麼，更能夠提供療癒所需的一切。

第十二章

關係的核心語言

你的痛苦、悲傷和無人看顧之傷口的距離，就是你與你伴侶的距離。

——史蒂芬與安德烈・萊文（Stephen and Ondrea Levine）《擁抱愛人》（*Embracing the Beloved*）

對許多人來說，我們最強烈的渴望，是在愛之中並擁有快樂的關係。然而，因為在家庭之中，愛的表達常常是無意識的，我們愛的方式很可能共享了父母或祖父母的不快樂，或重複了他們的模式。

這一章，我們會探討無意識的忠誠和隱藏的動態，這兩者都限制了我們擁有令人滿足的關係之能力。我們得問自己這個問題：對伴侶來說，我們是真正可及的嗎？

無論我們多成功、溝通技巧有多精熟、參與伴侶靜修（couples retreats）多少次，或是我們對自己逃避親密的模式有多理解，只要我們還被家族歷史糾纏著，就可能會遠

離我們最愛的人。不知不覺中，我們會重複需要、錯信、憤怒、退縮、封閉自己、離開或被遺棄的家庭模式，並責怪伴侶該為自己的不快樂負責。然而，真實的緣由卻落在自己身後。

許多關係中所經歷的問題，其實並不源於關係本身。而是根源自長久以來，甚至是我們出生之前便存在於家族中的動力。

舉例來說，如果有個女人在分娩時死亡，這一波負面的影響，很可能將後代子孫吞沒在無法解釋的恐懼與不快樂中。孫女或曾孫女可能恐懼結婚，因為婚姻會連結上孩子，而孩子會連結到死亡。表面看來，她們可能會說不想結婚或生孩子。可能會抱怨從未遇見合適的人，或因為太忙而無法安定。在抱怨的背後，她們的核心語言可能講述的是不同故事。她們的核心語言與家族故事共鳴，可能聽起來像這樣，「如果我結婚，也許會發生什麼可怕的事情。我可能會死掉，我的孩子會失去我。他們會孤身一人。」

家族中的兒子與孫兒也可能受影響。他們可能會害怕無法對伴侶許下承諾，因為性生活可能會導致妻子死亡。他們的核心句子可能會像這樣，「我會傷害什麼人，而那都是我的錯，我永遠無法原諒自己。」

像這樣的恐懼，隱藏在生活的背景中，無意識地驅動我們所表達的許多行為，以及我們做的決定或未做的決定。

賽斯是我曾經一起合作的個案，他認為自己是「取悅人的人」，並害怕自己做錯事而使最親近的人失望。他害怕如果他們對他不滿意，就會拒絕他並離開。他擔心自己會孤單死去，與所有人斷絕關係。因為這樣的恐懼在背後操弄，他經常同意做他不想做的事情，或說出言不由衷的話。當他內心想拒絕卻總是答應，隨後的反應便是對他想討好的人生氣，然後又對他想做的事情產生抗拒。他大部分的時候都過著不真實的生活，責備妻子讓自己不快樂。他離開她以求逃離這個模式，卻在下一任伴侶身上重演。直到賽斯體認到他的恐懼如何體現在他的關係中，他才能夠與伴侶平和相處。

丹和南西

丹和南西是一對五十多歲的成功夫婦，在他人眼中，他們擁有一切。丹是大型金融機構的首席執行長，南西是醫院的管理人員，他們有三位引以為傲、受過大學教育並表現良好的孩子。但現在家裡空了，他們不得不面對的事實是，他們對快樂退休生活的希望已幻滅。他們的婚姻陷入困境。「我們六年都沒有性生活了，」南西說：「我們像陌生人一樣生活。」丹多年前對南西失去了性慾，但無法確切知道是何時發生的。丹想維持和南西的婚姻，但是她呢，就不確定了。無論是宗教或非宗教的婚姻諮詢途徑，都已

令兩人精疲力竭。讓我們從核心語言方法的角度，探討丹和南西的關係困境。

爭議

聽聽南西核心控訴的語言：「我覺得他對我沒興趣了。他大多時候都很疏離，不怎麼在意我，我也很少覺得和他有所聯繫。他對孩子總是比對我感興趣。」

現在聽聽丹的核心語言：「她對我老是不滿意。她為了所有事情責備我。她需要的遠多於我能給的。」

從表面看來，他們的話語顯現了婚姻中常見的控訴類型。但若進一步細究，他們的語言形成了一張地圖，引導至未經檢視的不滿情緒的源頭。丹和南西的地圖，直搗他們家族系統中懸而未解的問題。

為了找到關係問題的核心語言地圖，我們重新複習那四項工具，問四個問題。接著我們深入了解它們所揭示的內容。

問題

1. **核心控訴：你對伴侶最強烈的抱怨是什麼？**這個問題是起點。透過這一問題所獲得的訊息，通常與我們和父母其中一方或雙方所經驗到的未解之事有關。這一未解之

事，會接著投射在我們的伴侶身上。無論我們生理上是男性或女性，這項經驗法則似乎都是正確的：**我們感覺自己未在母親身上獲得的、我們和母親的關係中尚未解決的問題，通常都奠定了我們與伴侶相處經驗的基礎**。如果我們覺得母親很疏遠，或我們拒絕了她的愛，我們很可能也會與伴侶的愛保持距離。

2.核心描述：你用什麼形容詞和語句描述你的母親和父親？我們用這個問題來尋找無意識的忠誠，以及我們如何與父母疏遠。透過建構出一個描述父母親的形容詞和語句的列表，以接觸到自己最深層感受的核心。在那裡，我們會發現自己仍舊保有對父母親的一些怨恨與控訴。也正是這些無意識的童年經驗，我們會將情緒投射在伴侶身上。

對很多人來說，我們的核心描述源於童年時期被欺騙或不滿足的感覺之圖像。我們可能會覺得父母給得不夠，或以不適切的方式愛我們。當我們攜帶這樣的圖像、為了自己的不滿而責備父母，我們的關係很難進展順利。我們會透過一副老舊的、扭曲的鏡頭來看待伴侶，並已然預期他或她會騙取自己最需要的愛。

3.核心句子：你最深層的恐懼為何？在你身上可能發生最糟的事是什麼？正如我們在第八章學到的，這個問題的答案會成為自己的核心句子，那核心恐懼，便是家族歷史或童年經驗中迴盪不去的未解之傷。

現在你大概已經知道自己的核心句子。你的核心句子會如何限制你的關係？又會如

何影響你對伴侶的承諾？當你們在一起，你能夠坦然表現出你的軟弱嗎？還是你會把自己封閉起來，害怕被傷害？

4. 核心創傷：你的家族歷史中可能發生過什麼悲慘事件？正如我們在前面章節所理解到的，這個問題打開了整個系統的鏡頭，允許我們辨別影響自身關係的跨世代模式。通常多次經歷的問題，源頭都存於家族歷史裡。婚姻的痛苦與關係衝突，常可能在家族中往前追溯多個世代。

對於每個問題，我們都要聽到浮現出的那些戲劇化、充滿情緒的詞語。家族創傷通常會在我們的口語中為自身表述，提供得以追溯至源頭的重要關鍵詞語和線索。

現在有了結構，我們來聽聽丹和南西的核心語言。在晤談一開頭的某些時刻，他們就發動了對於對方的一連串指責。是時候來聽聽他們對父母的描述了。

形容詞和語句

南西並不知道自己描述母親和她描述丹的方式很相似。「我的母親在情感上很疏離。我從來不覺得和她有所聯繫。當我需要什麼的時候，我幾乎不可能去找她。無論我何時嘗試，她都不知道如何照顧我。」南西和母親的未竟之務，似乎絲毫不差地落在了

丹的頭上。

南西與母親尚未處理的關係，並不是影響她和丹的唯一因素。南西的家庭中，所有的女人都對丈夫不滿。「我的母親對我父親永遠都不滿意。」南西說。再往前一個世代也可發現這個模式。南西的外婆稱她外公是「那個糟糕透頂酗酒的渾球」。

想像一下這種譴責對南西母親的影響。南西的母親在自己母親的陪伴下成長，便不太可能快樂地與南西的父親在一起。她怎麼能比自己的母親擁有更多呢？即使南西的母親與父親相處融洽，南西的母親又要怎麼與自己的母親分享這份快樂，畢竟她與父親一起時如此受苦。取而代之的，南西的母親無意識地繼續了這個模式，並對南西的父親有諸多批評。

丹，在這部分則是描述自己的母親非常憂鬱且緊張。他是小男孩時，覺得自己需要照顧她。「她很需要我……向我需求太多了。」丹瞥了一眼自己拘謹交疊在大腿上的雙手。「我的父親一直都在工作。我覺得自己需要提供她父親無法給予的關注。」丹描述母親因為急性的嚴重憂鬱症而進出醫院治療，從家族歷史來看，他母親的掙扎其來有自。丹的外祖母死於肺結核時，丹的母親只有十歲，這場死亡摧毀了她。而丹最年幼的手足在嬰兒時過世，這強大的失落再一次出現。那時，丹的母親在醫院住了六星期並接受電擊治療。那時丹十歲。

好像事情還不夠嚴重，丹覺得和父親漸漸疏遠了。他描述父親是「軟弱無力的」，「他沒有辦法成為我母親需要的男人。」丹接著如此描述父親，他是烏克蘭的移民勞工，相較丹的母親，他來自較低的社會階層。「他永遠無法和母親家裡那些專業、受過教育的人平起平坐。」丹對父親的審判阻斷了他與父親的聯繫。

當一個男人拒絕自己的父親，他便不知不覺將自己與男性特質的源頭隔離開來。一個男人若仰慕並尊敬自己的父親，一般來說較容易對男性力量感覺放鬆，較可能仿效父親的特質。在關係中，便可能將其轉化為承諾、責任感與穩定性。女性也是如此。一個女人若愛慕並尊重自己的母親，較可能對自己的女性特質感覺自在，也比較可能在關係中表現她所景仰的母親特質。

丹也由於另一個原因與父親疏遠了。他承擔了母親知己的角色，不知不覺侵入了原屬於他父親的領土。丹並非有意識地選擇這個角色，比較像是多數男孩都會感覺到母親的需要，而自覺照顧母親是責任。丹能發現到，自己照顧她時，她會快樂起來，同樣地，當他父親在旁，她的心情就黯淡下來。因為覺得母親比較喜愛自己，丹發展出比父親優越的感受。

丹甚至採納了母親對父親的不滿感受。因為拒絕了父親，丹不僅遠離了男性的力量，還無意識地在與南西的婚姻中重複了類似的動力。丹和父親一樣，成了「軟弱無

力」的丈夫。

而南西同樣無法延續她母親的女性力量。在她童年的某個時刻，南西便決意不再向母親尋求協助。南西離開了她童年的家，覺得自己沒有得到足夠的滿足，並責怪母親沒有提供自己渴求的注意力。那支不滿的箭後來指向了丹。在南西眼中，丹同樣也無法提供她所需要的支持。

雖然丹和南西一同撫養孩子，但很容易迷失在家庭所需之中。現在，孩子都離家了，那底下隱藏的動力於是在眼前浮現，丹和南西幾乎無法相處。

丹描述自己對南西「失去了性生活的慾望」。「我完全沒有性致。」他說。當他探究自己早期與母親的經驗，丹很快就知道了原因。丹為母親付出的關懷和安慰完全不是身為孩子的責任。這對小男孩來說要求太過了。他永遠不可能提供她真正需要的。他也永遠不可能消弭她的痛苦。相反地，她的愛讓他無法招架，她的需求壓倒了丹。

當丹抱怨南西向他要求太多，他真正指的並不是南西。不知不覺中，他暗指的是母親無法被滿足的需要。丹把他與南西的親密關係，與他年幼時所經驗到和母親的親密纏繞搞混了，雖然南西內在的需求與需要也遇到了阻力。丹為了保護自己不受需求的衝擊，他把自己封閉了起來，很自動地對她的要求說不，即使內心深處他想答應。

丹和南西的問題以同步的節奏相互銜接。好似他們兩個聚在一起，就是要透過婚姻

來互相治癒。人們通常不自覺地選擇會觸發傷口的伴侶，這樣一來，他們就有機會看見、承認並治療自己痛苦、過度反應的部分。如同完美的鏡子，我們所選擇的伴侶反映了對方核心裡無人認領、未能完成之事。有誰比丹更能為南西提供她所需要的疏離的愛，以完成南西與母親未解之事？而誰又比南西更能為丹提供他小時候感受到無止境被需要的情境，來幫他治癒與母親的傷？

最糟糕的恐懼（核心句子）

丹描述自己生命中最糟糕的恐懼便是失去南西。「我最糟糕的惡夢，就是失去我最愛的人。我擔心南西會死去或離開我，然後我必須在沒有她的情況下生活。」與前一個世代呼應，丹的母親的核心句子，可能就是她十歲時失去母親的痛苦感受。當丹的母親失去新生兒，便又重複經歷了「失去最愛的人」的感受。這些失去，反應在丹最深的恐懼之中。雖然丹帶著這股恐懼，事實上那恐懼屬於他的母親，存在那失去摯愛的生命之中。丹很快地理解他的核心句子其實源自母親。

這個模式延續到下一個世代。丹十歲的時候，和他母親失去母親相同的年齡，丹有六個星期的時間失去了他的母親，也就是「他最愛的人」，那時丹的母親被醫生診斷為「精神崩潰」而住院。再往前回想，他也能記得母親因為陷入憂鬱而失神。在那段時

間，他覺得被遺棄且孤單。

南西的核心句子也能追溯至早一點的時候。「我會被困在很糟糕的婚姻裡，而且覺得孤單。」這個句子很顯然屬於她的外婆，因為她嫁給了南西酗酒的外公，而他幾乎因為家庭中所有發生的錯誤遭受責難。如果我們可以一窺之前這個世代，可能會發現南西的外婆與**她自己**的母親也有不和諧的關係，或是南西外婆的母親也同樣與她的丈夫一起被困在糟糕的婚姻裡。很不幸地，有關她外婆之前的故事已經遺失了。每一代都會看到母親與女兒失去聯繫，或是由失去聯繫的夫妻撫養長大。一旦知道這個，南西可以繼續與丹重複這個模式，或是緊握這個機會進行治癒。而南西決定好要修復了。

家族故事（核心創傷）

系統層面上，丹透過分享父親在婚姻中的噤聲之感，而重複了父親的經歷。南西對丈夫感覺「不滿」，則是重複了母親與外婆的經歷。讓我們來看他們的家庭系統。

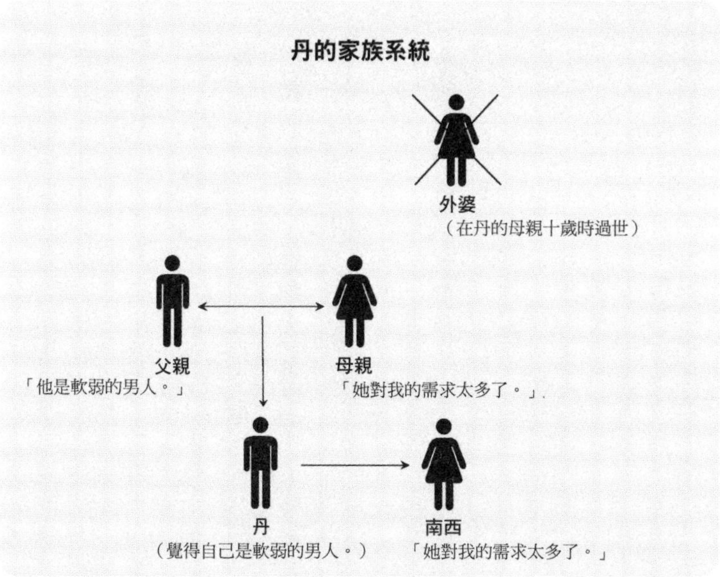
丹的家族系統
外婆
（在丹的母親十歲時過世）
父親
「他是軟弱的男人。」
母親
「她對我的需求太多了。」
丹
（覺得自己是軟弱的男人。）
南西
「她對我的需求太多了。」

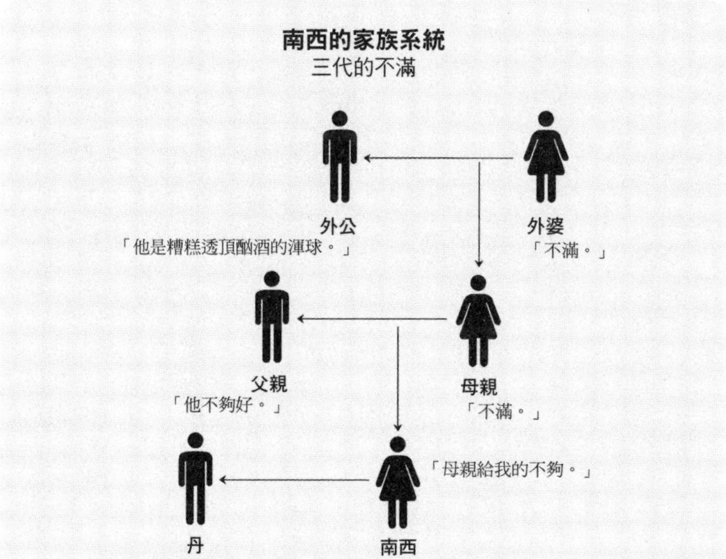
南西的家族系統
三代的不滿
外公
「他是糟糕透頂酗酒的渾球。」
外婆
「不滿。」
父親
「他不夠好。」
母親
「不滿。」
「母親給我的不夠。」
丹
「他給我的不夠。」
南西
「不滿。」

全景圖像

如同丹和南西的家族歷史中所顯示的，其實關係中的衝突，早在伴侶出現之前就已準備啟動。

南西現已看得出丹並不是她覺得「得到的不夠」的源頭。這個感覺源自於久遠前她與母親之間。丹同樣也可以看見南西並不是他真正感覺「向他索求太多」的女人，這個感覺，也是源自久遠前他與母親的關係。

南西也意識到，任何一位進入她家族的男人都不會被另一半真心感激。現在看來，丹成了連續三代不美滿婚姻的承接者。

一旦他們認出自己其實帶著未竟之務進入關係，這個詛咒就能被打破，而責難的烏雲就能消散。過去對彼此的投射與指責，現已可在廣闊的家族歷史脈絡中被理解。當更全面的圖像浮現，認為伴侶應為自己的不滿負責的這個誤解，逐漸消融。

幾乎是立即性的，他們可以用新的眼光看待彼此。丹和南西也能重新發現那最初讓他們互相吸引的溫柔感受。他們不僅向彼此展現更多善意和慷慨，也再度有了性生活。

擴展新的圖像

南西也加深了對母親的同理心。當南西的母親還是小女孩，她就一直是自己不幸的已婚母親的情感看護人。南西的母親不僅不允許自己比母親擁有得多，更重複了不幸婚姻的循環。南西最早的記憶中，她的母親疏離而無精打采。南西是小女孩時，感覺自己被拒絕了。然而當她接納家庭歷史之完形（gestalt）[18]，南西便可重新認識母親。她現在能感覺雖然母親疏離，卻已付出她所擁有的全部了。了解這一點，南西變得柔軟，而能夠超越舊有的，關於母親的內在圖像，超越對母愛原意的錯認。一個新的、讓人感覺安慰的母親圖像浮現了。這似乎使南西從內心深處感到滿足，而在這新的母親圖像中，母親對她只有愛。

雖然母親過世已十六年，南西仍能向母親尋求即使她在世時，自己也從未能想像的支持。這是她記憶中第一次能夠感受到母親的愛。

南西閉上眼，想像她的母親從背後抱著她。「媽媽，我總是責怪你給我的不夠。我也為了相同的事情責怪丹，怪他給我的不夠。但我現在了解了，你已給了我你所擁有的全部。那是足夠的，媽媽，那是全然足夠的。」南西哭著。「媽媽，請你祝福我與丹能幸福。我想在婚姻中感覺滿足，很遺憾你和外婆不能。從現在起，當我覺得不滿足和孤

單，我會向你求援，並想像你在我身後，支持我、盼望我過得好。」

接下來幾週，南西在床邊放了一張母親的照片，想像在母親的懷抱裡入睡。她想像自己在母親的臂彎裡，並接受了她所需要的愛。南西現在可以感受到她年幼時所不能獲得的東西。現在，在母親的愛裡被接納，她便能用全新的方式回饋丹。

丹也同樣想像他與已故母親的對話，「媽媽，當時我還小，我以為自己必須照顧你，我漸漸對此憤憤不平。我們兩個都不曉得，我那時其實是要試著彌補你小時候失去母親的遺憾。那對我來說太難了，難怪我總覺得自己永遠不夠好。沒有一個小男孩能夠補償那樣的失去。」

丹能夠在內心的圖像中感覺母親後退了一步，留給他更多空間。丹深深地吐氣再吸氣，好像他的肺擴大了兩倍。丹不習慣這麼深層的呼吸充滿身體，起初感覺有點暈，接著便覺活力充沛。他繼續說：「媽媽，我常覺得南西對我的要求太多了。請你幫助我看見南西原本的樣子，而不害怕自己在她需要我時我會搞失蹤，或無法為她提供所需。」

丹希望能持續康復的旅程，他聯繫了仍在世的父親。丹告訴他，很抱歉自己一直與他這麼疏離。他與爸爸共進午餐，並告訴他，自己想與他親近一些。午餐中，他感謝父

18　譯註：意指整體不僅僅等於各部分的總和，而具自身完整的質地。

親是個好爸爸。父親的感動無法言喻。他告訴丹，他等待這段對話已經等了很多年。丹能感受到那一直都存在著的愛，現在他已準備好要接受它。

南西能感受到丹的身體裡有一股新的力量。不曉得為什麼，他在南西眼裡看起來變得更加挺拔。她自然而然地回應，她開始尊敬他。

南西向丹尋求協助，「當你覺得我在指責、批評或不滿足時，請你指出來，我保證我會試著警醒自己。我想要成為一個對你來說更好的妻子。」丹又深吸了一口氣。這口氣以全新的方式充滿了他的身體，擴展到他在小男孩時便封閉的地方。

反過來，他請求南西的協助，幫助他留在此刻，「當我在情緒上疏離，請你指出來。我答應會覺察自己而不會離你遠去。」她同樣深吸了一口氣。他的手找到她的同時，她也將手伸向了他。

丹和南西的例子說明了，如何透過具體提問和傾聽浮現的核心語言，觸碰到我們關係之中最深層衝突的源頭。就像丹和南西的經驗，他們的傷是被他者所鏡像反射且放大了，我們也會期待伴侶反映出自己家族歷史中未解之事。這份地圖已然在我們心裡。它的路徑可能籠罩在黑暗之中，我們卻時常可以靠著伴侶，為我們點亮前途。

越過伴侶

當我們探索關係中抱怨的核心語言，通常會看見熟悉的家族故事線。為了超越這些抱怨的表面，我們得自問：父母或祖父母也有類似經驗嗎？我們對伴侶的感受和對父母親的感受相似嗎？

我的關係反映了家族歷史中的模式嗎？

如果你和伴侶不睦，不要自動下結論，認爲你的伴侶就是源頭。換個角度，傾聽自己的抱怨而不要責怪伴侶，或被自己的情緒給迷惑住了。問自己：

- 這些字詞是不是聽起來很熟悉？
- 我對父親或母親是不是有一樣的怨言？
- 我的母親或父親對彼此是不是有類似的抱怨？
- 我的祖父母對彼此是不是也有相似的掙扎？
- 兩代或三代之間是否能相互比照？
- 我和伴侶的經驗是不是反映出我小時候對父母的感覺？

泰勒的故事

泰勒是位熱愛運動的二十八歲藥劑師，他深愛他的妻子喬瑟琳。他們結婚三年，自婚禮以來只有過兩次性事，雖然婚前的性生活很頻繁。然而，就在他們交換誓言的那天起，泰勒開始焦慮且不安，他很確定喬瑟琳會因為另一個男人而離開他。「六個月內你就會欺騙我，」他說著。喬瑟琳不斷向他保證自己的忠誠，但泰勒聽不進去，他堅持她的不忠正在毀壞他們的關係。「我很確定，」他在我們第一次治療時告訴我，「她會欺騙我，我會被摧毀。」

自婚禮以來，泰勒一直受困於勃起功能障礙。醫學檢查確認了他的身體健康，也沒有生理上的問題。泰勒知道解答在他的掌控之外。他只是不知道要向何處尋找。然而，他的核心句子如同地圖一般指引他該去的地方。

泰勒的核心句子：「她會欺騙我，我會被摧毀。」

泰勒不知道的是，他並非自己核心句子的創作者。這讓人痛苦的咒語實是泰勒家族歷史中四十年前的回音，雖然他並不知道具體事件。

泰勒的父親和第一任妻子結婚不到一年，就撞見她和另一名男子發生性關係。他完全無法應付這一衝擊，於是離開了家鄉，離開了他的工作與朋友，從此不提發生過的

事。泰勒對此一無所知，直到症狀出現，他才在我的催促下，詢問父親與母親結婚之前是否有過其他關係。下一次的療程當中，泰勒對我說，當他問父親這個問題，他父親摒住了呼吸，嘴唇緊閉。我聽起來像是他努力緊守過去祕密，避免洩漏。最終，他向泰勒揭露了第一任妻子的往事。

對泰勒來說很清楚，儘管時間過去、距離拉開，也再婚了，他父親破碎的心從未癒合。他父親心中尚未解決的問題，影響了泰勒眼前的婚姻，即使他父親從未提起自己經歷過的痛苦，這樣的感覺卻真切活在泰勒的身體裡。泰勒不自覺地繼承了父親的創傷。

對泰勒來說，理解這一事實喚醒了他的身體，彷彿從沉睡中醒來。他現在理解為什麼當他嘗試和喬瑟琳做愛，身體卻像是凍住了。他終於知道自己身體被關閉背後的訊息。勃起障礙讓他遠離了渴望的愛。表面上那似乎互相違背，但往深處看，泰勒知道他害怕喬瑟琳可能會傷害他。

藉由不能與喬瑟琳發生性關係，泰勒無意識地保護自己免受她可能犯下的不忠行為所傷害。泰勒無法忍受自己對喬瑟琳來說是「不夠好的」，就像他父親對其第一任妻子來說是「不夠好的」一樣。勃起功能障礙讓他不用擔心那樣的拒絕會發生在他身上，他不需承受那樣的風險以求安全。泰勒不願踏上那有可能被喬瑟琳拒絕的位置，他的不安全感幾乎讓他拒絕了自己。

對泰勒而言，他需要的就是建立連結。他知道喬瑟琳真的很愛他，在面對性關係的挑戰上，全程在旁支持。雖然他繼承了父親的感覺，泰勒了解自己不再需要重溫那些感受，他父親的惡夢不需要發生在他身上。

盲目的愛

古詩人維吉爾（Virgil）宣稱，「愛戰勝所有。」唯有當愛無比巨大，我們的關係無論多艱困，都會通過考驗。甚至披頭四也告訴我們，「愛就是你需要的全部。」但無盡的無意識忠誠，在我們生活的表面下無形運作，也許更適切地說，愛——家族中無意識表達之愛——可能會「戰勝」我們與伴侶維繫親密關係的能力。

只要繼續纏繞在家族模式的網絡之中，我們的關係就有可能得持續拚搏。然而，一旦學習解開家族中纏繞的無形之網，我們便能更自由地去愛與接受愛。詩人里爾克（Rilke）了解維繫關係的艱難。他寫道，「一人深愛著另一人：這也許是所有功課中最為艱困的，是最終極、最後的考驗和證明，除此之外的所有功課都是為此而預備。」

以下是二十一項可能侵蝕親密關係的家族動力。有些動力甚至會完全禁止我們進入親密關係。

二十一個可能影響關係的無形動力

1. 你和母親的關係不好。你和母親未解之事可能在你與伴侶身上重演。

2. 你拒絕、評斷或是怨懟父親或母親。你所拒絕的父親或母親的情緒、特質和行為，很有可能無意識地存於你之中。你可能會將自己對父母的抱怨投射在伴侶身上。你也很可能會吸引那些擁有與你所拒絕的父母特質相似的伴侶。當你拒絕父親或母親，為了平衡這一拒絕，你可能在關係中掙扎。你可能會因此而離開伴侶，或經驗到伴侶的離去。你可能會對關係覺得空虛，或你可能會選擇獨自一人。若能和父母當中與自己性別相同的那位擁有親近的關係，似乎能加強我們對伴侶承諾的能力。

3. 你和父親或母親的感覺重合了。如果你的父親或母親對對方的感覺是負面的，很有可能你也會持續對自己的伴侶有類似的感覺。對伴侶的不滿很可能會跨世代傳遞。

4. 你經歷過與母親的早期聯繫斷裂。在這動力之中，很有可能當你嘗試與伴侶在親密關係裡建立連結，會感受到某些程度的焦慮。當關係愈深，焦慮也愈深。因為不知道這一焦慮的源頭來自於早期連結的斷裂，你可能會開始在伴侶身上挑錯，或製造其他衝突讓你遠離親密感。你可能會經驗到自己覺得匱乏、緊繃、嫉妒或不安。或相反地，你表現得很獨立，似乎在關係中的需求很少。又或你完全拒關係於千里之外。

5.你照顧了父親或母親的感受。理想情況中，父母給予而孩子接受。但小孩若擁有悲傷、憂鬱、焦慮和不安的父母，便可能專注於提供安慰而不是接受安慰。在這樣的動力之下，滿足孩子的需求變成次要的，並且因為習慣性衝動去照顧的直覺，掩蓋了感受自己的直覺，意即總是給予而非接受。往後的生活中，這個孩子可能會給予伴侶太多而使關係緊張。反之也可能被伴侶的需求淹沒或覺得負擔沉重，隨著關係進展，他可能會變得怨恨或感覺情緒受阻。

6.你的父母在一起時不幸福。如果你父母親的關係緊張或相處不睦，很可能你會不允許自己比他們幸福。對父母無意識的忠誠，可能會阻擋你比他們幸福的機會，即使你知道他們真正想要的是你能快樂。當家庭的動能受限，孩子快樂時，很容易覺得自責或不舒服。

7.你的父母親沒有在一起。如果你的父母親沒有在一起，你也有可能會不知不覺地離開關係。當你長到他們分離時的年紀，或你在關係中度過同等於他們在一起的時間，或你孩子的年紀和你父母分離時的年齡一樣，便會發生這個狀況。又或許你會留在關係中，卻在情感上疏離。

8.你的父母或祖父母與前伴侶不睦而突然分手。如果你的父親或祖父離開了前妻或前伴侶，但他們卻曾期待這段關係會進展成婚姻，那麼你身為女兒或孫女，便可能會像

那被遺棄的女子般孤單一人。你可能會覺得自己不夠好，如同那女子對你父親或祖父來說不夠好一樣。

9. **你母親的摯愛使她心碎**。身為孩子，你可能無意識地參與了母親的心傷。你可能會失去初戀，或帶著你母親的失戀感受，或覺得自己不完美或不夠好（如她一樣）。你或許會覺得永遠不可能和自己所愛在一起。身為兒子，你可能會積極嘗試取代母親的初戀，並成為母親的伴侶。

10. **你父親的摯愛使他心碎**。身為孩子，你可能會無意識地參與了父親的心傷。你可能會失去你的初戀，或帶著你父親的失戀感受，或覺得自己不完美或不夠好（如他一樣）。你可能會覺得自己永遠不可能和自己所愛在一起。身為女兒，你可能會積極嘗試取代父親的初戀，成為你父親的伴侶。

11. **你的父母和祖父母維持獨身**。如果你父母親的其中一位或祖父母在伴侶離開後，或在伴侶過世後維持獨身，你也可能會維持獨身。如果你在一段關係中，你可能會創造衝突或拉開距離，如此一來你便孤單一人了。在無聲的忠誠之中，你無意識地尋找能分擔此一孤獨的方式。

12. **你的父親或母親在婚姻中受苦**。舉例來說，如果你的祖父母被困在無愛的婚姻中，或你的祖父過世、酗酒、賭博或離開了，留下你祖母一人撫養孩子，身為孫女，你

在婚姻中可能會無意識地與這些經驗連結。你可能會重複這一經驗，或拒絕對伴侶承諾，因為害怕這樣的經驗會發生在你身上。

13. **你的父親或母親被對方看輕或不被尊重**。身為孩子，你可能會因為不被你的伴侶尊重而復刻父母的經驗。

14. **你的伴侶英年早逝**。如果父親或母親在你年幼時過世，當你的年紀到了父親或母親當時過世的年紀，或是在關係中的相處時間和你父母親的相處時間相同，又或是當你的孩子到了當時你父母過世的年紀，你便可能在身體上或情感上遠離自己的伴侶，

15. **當你的父母以不善的方式對待對方**。當你的父親對母親不好，身為兒子，很可能會用相似的方式對待伴侶，於是你的父親便不是那個唯一的「壞人」了。身為女兒，你的伴侶也可能會不善對待，或你會和疏離的人在一起。對你來說，過得比母親快樂是困難的事。

16. **你傷害了之前的伴侶**。如果你傷害了前伴侶，可能會無意識中試圖破壞現有關係來平衡這樣的傷害。這一新的伴侶，也會無意識地感受到他或她接受類似的對待，以致與你保持一段距離。

17. **你可能會有太多伴侶**。你可能會有太多的伴侶，以致削弱了你在關係中和人連結的能力。分離反而是容易的事，關係就失去了深度。

18.你可能墮過胎或是把孩子送給人領養。在內疚、悔恨或後悔之中，你可能不允許自己在關係中快樂。

19.你曾是母親的知己。當你還是男孩，你試著滿足母親未能實現的需要，或提供她那些她感覺自己無法從你父親那兒得到的。年長以後，你可能會感覺無法對另一女子承諾。你可能會在感覺上或身體上把自己封閉起來，害怕你的伴侶會像你母親那樣，向你索求或需要太多。過去是自己母親知己的男人，通常能很快地和女子建立關係。他可能甚至沉溺女色，在身後留下一連串破碎的心。補救措施是與父親建立緊密聯繫。

20.你曾是你父親的最愛。一個女子若與父親太親近且超越了與母親的關係，通常會對自己選擇的伴侶感到不滿。問題的根源並不是她的伴侶，而是她與母親所感受到的疏離。一個女人與其母親的關係，有可能是她與伴侶關係將有多完整的指標。

21.家族中有人不婚。你可能與父親或母親、祖父母、阿姨、叔叔或其他較年長的未婚者建立聯繫。也許這個人被輕視、嘲笑，或被認為比不上其他家族成員。因為無意識地向他看齊，你可能也不會結婚。

第十三章

成功的核心語言

一個人的內心深處必須擁有混亂，才能誕生跳舞的星星。

——弗里德里希．尼采（Friedrich Nietzsche），《查拉圖斯特拉如是說》（*Thus Spoke Zarathustra*）

很多自我成長的書，都向我們保證財務上的成功和成就，但我們必須照著作者囑咐的計畫進行。像是發展有效率的習慣、拓展社交網絡、視覺化想像將來的成功，並重複呢喃賺錢的咒語，都被吹捧是通向興旺繁盛的策略。但對我們這些似乎從未達成目標，無論做了什麼或遵循什麼計畫都無用的人來說呢？

當我們嘗試著邁向成功的路途似乎遇到障礙或是死胡同時，探索家族歷史可能是一個重要的方向。家族中未解的創傷事件，可能會阻礙我們走向成功，以及我們能如何更好地成功達標。無意識地與家族中失敗、被騙或欺騙他人的某人建立聯繫，到承接了不

應得的繼承，又或體驗早期與母親分離的創傷，這些都會影響我們感受到的安全感和經濟的重要性。在這一章末，你會看到一張問題列表，這些問題能幫助你判別，是否有家族歷史中的核心創傷阻擋了你的道路。你也會學習如何在環繞著失敗或成功的自身恐懼中，抽取出核心語言，並學習如何將自己導回軌道。

首先，我們先看看其他人是怎麼透過核心語言方法釋放自己，變得更成功。

為家族歷史的奇蹟而努力

距離班的律師事務所停業只剩一星期。經過一連串讓事務所生意蒸蒸日上的嘗試卻全數失敗後，他決定放棄了。「我似乎連僅是勉強餬口都做不到，」他告訴我，「我自己幾乎都不夠用。」

班的核心語言：「我只是勉強餬口，我自己幾乎都不夠用。」

班描述了他整個人生不斷重複的模式，他同時忙著很多事情，有好幾次差點丟了數個大客戶，突然間，他腳下的地基垮了。「任何我掙來的東西好像都不可靠，我只是勉強活下來。」當你仔細聆聽班的核心語言，也許你就能聽到這是某人的哭嚎，某個困窘的人，某個「勉強活下來的人」，某個「不夠用」的人。問題當然是：那是誰呢？

班的家族中，核心語言的軌跡直接連結到問題根源。班想起他小時候去佛羅里達州。班的祖父從一九三〇年代到七〇年代初，在佛羅里達州中部經營一座成功的柑橘園。他們家庭的財富是靠著移民工人領著極微薄的薪資，在他們的汗水和辛勞中建立起來的。他們倚賴少得可憐的工資勉強活下來，並且無力償還債務，他們生活在髒亂不堪的環境。當班的祖父其家庭發跡，家運蓬勃，住在奢華的莊園，農場工人擠在破敗的小屋裡。班記得自己和工人們的孩子一起玩耍，他記得自己因為擁有的比他們多了太多而心生愧疚。幾年後，班的父親繼承了祖父的財產，但由於一連串糟糕的投資和出錯的商業決定，終於一無所有。班最終沒有繼承任何遺產，唯獨承接了逆境，他自從通過了律師執照考試，就被無法支付的帳單和積欠銀行的貸款追著跑。

一直到班連結起自己的現況與家族歷史，這一切才開始有意義。他能夠看見他的家族是如何在工人勉強活下來的基礎下繁盛。工人所遭遇的劣勢，與班的家族所擁有的優渥直接關連。班無意識地與那些工人聯繫在一起，他便重演他們的苦難。就好像若他的生活貧困，就能夠抵銷他祖父的債，那甚至不屬於班的債。

是時候打破這個模式了。在診間，班閉上眼睛，想像著那些曾和他一起玩耍的孩子，他們的家人站在班的面前。在班的內心圖像中，他們看起來沮喪且貧困。他再想像自己十二歲時過世的祖父，他這時站在班的身邊，因為自己沒有付予他們應得的薪資而

道歉。他想像自己告訴祖父，自己不能再透過律師事務所的搖搖欲墜來彌補他對工人不公平的對待，並且把那造成工人痛苦的責任還給他。

他想像自己的祖父將責任擔了下來並做出補償。他想像他的祖父說：「班，這和你無關，這是我該償還的債務，不是你的。」班再想像以前玩在一起的孩子對他微笑。他能感覺到他們對他沒有懷著不善。

班接下來試著和其中一個移工家庭聯絡，但尋不得下落。隨後他捐款給一家專門照顧移工家庭醫療保健需求的慈善機構，以表達他的家人對其之善意。班的律師事務所繼續營業。他處理被大公司虧待的工人無償案件。數週內，有幾個大客戶找上門來。六個月內，他的事務所生意蒸蒸日上。

當我們回顧家庭尋找財務問題的根源，不得不問：我們是否無意識地試圖補償前人的行為？很多人不知不覺中延續了過去的痛苦和不幸。班很顯然就這麼做了，而蘿瑞塔也是。

蘿瑞塔對於擁有自己事業的想望勝過所有事。這三十年來，她「揮汗且辛勤地勞動」，她這麼形容，收益全進了她任職的公司老闆口袋。然而，每當有機會開創自己的事業或發展自己的經營理念時，她都猶豫不決。「有些東西讓我無法前進。好像有什麼潛伏在表面之下，阻止我採取下一步行動，似乎我不配擁有我要的東西。」

蘿瑞塔的核心語言：「我不配擁有我要的東西。」

如果我們允許蘿瑞塔的核心語言帶領我們回到過去，三個橋接問題便能浮現：

- 誰「不配擁有他們要的東西」？
- 誰「猶豫不決」？
- 誰「無法前進」？

再一次地，答案並不遙遠。給她的遺囑中，蘿瑞塔的祖母將有利可圖的農場留給蘿瑞塔的父親，卻沒有給她父親的其他四個兄弟姊妹。她父親變得富有，父親的手足卻得繼續掙扎奮鬥。自此之後，他們便共享這段疏遠的關係。

蘿瑞塔的父親相對於他的兄弟姊妹，獲得了不公平的優勢。身為獨生女的蘿瑞塔成人之後，她就像她的姑姑叔伯一樣，在經濟上陷入困境，家庭狀況從「優勢」轉變為「劣勢」。好似要平衡她父親從祖母那兒所獲得的不義之財，蘿瑞塔不自覺地在邁向成功之前止步。一旦她意識到自己不自主嘗試用錯誤去平衡錯誤，她就能承擔成為創業家所必經的風險。

對蘿瑞塔來說，她的核心語言讓她回到家族的土壤，回到她家族中的不義之財。對班來說，路徑也類似。但，不是所有希望前進的人，都能找到有著如此清晰標記的家族事件。對約翰保羅來說，阻礙他的家庭事件不那麼顯眼。

與母親分開，和他人斷聯

約翰保羅也希望能在職涯上更進一步，儘管我們馬上就會看到，他的行為所表現出的，是完全往相反的方向去。然而，循著他的核心語言地圖，他便會發現那條充滿線索和洞察的道路。

超過二十年的時間，約翰保羅徘徊在類似的死胡同中，看著能力水準比他差的人往上超越他的位置。他很安靜，寧願待在辦公室談話與社交互動的裂縫與死角裡。他活得不受注意，恰好低於上層管理人員的雷達。因為他從未被要求接受特殊的任務，他便也從來不用冒失敗的險。一想到要擔任領導角色，必須被人觀看、評斷的角色，伴隨而來的壓力幾乎淹沒了他。這太危險了。

「我可能會被否定，」他說，「可能會做出錯誤的舉動並失去所有。」

約翰保羅的核心語言：「我可能會被否定，可能會做出錯誤的舉動並失去所有。」

約翰保羅的例子中，我們不需要回溯到上一代，我們只需要探索他早期幼年經驗的單一事件即可：他與母親的聯繫斷裂。我們很多人都有過這樣的過程，與母親的聯繫中斷。如同約翰保羅，我們從未將其連結到這對成人的影響。約翰保羅幼時便不再相信母親的愛和支持。結果是，他過度小心地面對自己和他人的關係。因為約翰保羅感覺不到

他母親在他身後的支持，約翰保羅每一次要向前靠近他最渴望之物，便經驗到不安全感和猶疑。「如果我說了或做了錯誤的事，」他害怕，「我會被否定並被迫離開。」

約翰保羅不知道如何將自己對拒絕的恐懼與他和母親的分離聯繫起來。三歲時，因為父母出外度假，他被送去和祖母同住一個夏天。約翰保羅的祖父母住在農場，儘管他們提供了孩子在生理上的種種需要，但當大人需做勞務，他就常被獨自留在外面的嬰兒圍欄中。那個夏天過了一半，祖父生病了，自然又佔據了祖母的關注和精力。因為祖母不堪負荷，約翰保羅很快就學到，若自己安靜地不引起注意，就能夠不讓祖母煩心。

當約翰保羅的父母回來，他無法和他們溝通自己的經歷多麼令人恐懼。他想要奔向父母，卻不知道為什麼止住步伐。他的父母只是以為他不想被牽著或擁抱，並認定他是在父母缺席時變得更加獨立。然而，在約翰保羅內心卻有一矛盾的經驗正在展開。他的獨立僅僅是因為不願相信母親會在背後支持他。約翰保羅不知道，當他嘗試保護自己以免將來會失望這一舉動，其實是封閉了自己的生命。他避免自己引人注目。

潛伏在獨立外表背後的，是親近與受傷之間的簡單連結。這個印記成了他成年生活絕大部分時候的藍圖。因為害怕被拒絕和失去，他走向極端，以逃避自己其實暗自渴望的聯繫。對約翰保羅來說，冒險不是選項。錯誤的冒險，可能意味著他會再次「失去所有」。

當我們與母親的早期聯繫被打斷了，那朵害怕與不信任的烏雲就會滲進我們的生活經驗。

另一個個案伊莉莎白，她就活在這樣的烏雲底下。如同約翰保羅，伊莉莎白也被迫與母親分開。當她七個月大時，有兩週的時間被留在醫院，遠離母親的照料。三歲和七歲的時候又各在醫院待了一星期，重複了早期的斷裂。

伊莉莎白目前的工作是資訊輸入操作員，她描述和另外三十位同事共處一間辦公室「如同地獄」。她可以整整一天都不和任何人說一句話。她和辦公室夥伴的距離變得如此遙遠，她甚至完全不交談，只用「是」和「否」回答他人向她提出的問題。「如果我說錯話，」她告訴我，「我會被拒絕，所以我忍住了。」

她描述了這些強迫性的想法和恐懼，它們會在夜晚於她心頭重複播放。「談話過後，這些話就會在我心上不斷不斷重複。我說錯話了嗎？我激怒誰了嗎？我是不是該換個方式說話？或是我應該傳訊息問朋友，『為什麼不理我呢？你在生我的氣嗎？』」看到辦公室同事在說話也加劇了她的恐懼，她怕別人議論她。

最終，她擔心自己是可有可無的，可能會被拒絕或解僱，或是會在團體中被忽略或被丟下。這些都會為她帶來孤單與無助，就像她還是一個小女孩時，在醫院所感受到的。伊莉莎白和約翰保羅一樣，並不知道這些感覺其實與早期自己被留在醫院裡，和母

親分離有關。

伊莉莎白的核心語言：「他們會拒絕我。我會被丟下。我無法融入群體。我會孤單一人。」

伊莉莎白像約翰保羅一樣擔心自己被丟下或被遺棄。相同地，解方是連結她對生活過度謹慎的態度和她早期與其生命之源——母親——的斷裂。只需簡單地將其連結，她就能開始反轉自己孩提時所下的結論，那無意識中限制她發展的結論。

約翰保羅和伊莉莎白都開始治癒他們背負著的關於母親不支持不慈愛的內在圖像，透過辨識自己受限的生活，與自己握有的受限的內在圖像的相似之處，他們都更願意開放地探尋關於母親所給予的東西。對約翰保羅來說，他首先憶起自己畫畫送給母親時，她有多興奮開心。對伊莉莎白來說，她發現自己了解到母親並沒有對她關上心扉，而是伊莉莎白在留院期間，對母親關上了門。伊莉莎白現在得以知道自己多次阻撓了母親愛她的嘗試。堅定、支持她的母親所給予的，比她意識到的更多。

當伊莉莎白理解了那分離的影響，她充滿了希望。她第一次能夠看見通往某處的大道。她的核心語言僅僅反映了那獨自被母親留下的童稚話語。這是她第一次看到隧道盡頭的光。透過追隨核心語言的軌道，她正在走往另一處的路上。

可能影響成功的家族動力

不僅我們的經濟生命力可能會被早期與母親的聯繫斷裂所影響（如同伊莉莎白與約翰保羅），或被不正義的生意決定，與不公平的繼承所影響（如同班和蘿瑞塔），還有許多動力都可能影響我們和成功的關係。接下來的幾頁，我們會探索幾項可能限制我們的家庭影響力。任一個都可以是影響多個世代的沉默力量，而任一動力都可能破壞我們前進的嘗試。

拒絕父親或母親可能會阻礙成功

無論我們如何講述父母的故事，無論他們多好或多壞，無論我們因為他們做了什麼或沒做什麼而受傷，當我們拒絕父母，我們就限制了自己的機會。

我們與父母親的關係，在很多面向上，是人生的隱喻。認為自己從父母親身上獲得很多的人，通常也會覺得從生命中獲得許多。而認為自己從父母親身上所獲不足的人，也通常會覺得從生命中獲得太少。若被父母貶低，我們也會覺得遭受生命的虧待。

若拒絕母親，我們可能無意識遠離生活的安逸。如保障、安全感、養育、照顧，這些與母愛有關的元素，都可能在生命中付之闕如。無論我們擁有多少，都可能覺得永不

足夠。

拒絕父親也可能帶來局限生命的影響。舉例來說，一個拒絕父親的男人，當身邊有其他男人時，可能會覺得不舒服。當他要負起成為父親的相關責任時，甚至會發現自己猶豫不決，或不願承擔，無論他的父親是提供家裡所需之人，或是家族失敗者。

與父母任何一方有未完之務，都可能影響我們的工作和社交生活。我們藉由無意識地重複播放那未解的家族動力，創造出的便是衝突，而非真實的聯繫。由於舊有的投射指向頂頭上司或是同事，工作便很難蓬勃發展。

我們可能重複那受拒絕之父親或母親的生命經驗

當我們拒絕父親或母親，卻可能會產生奇怪的對稱聯繫。我們可能不知不覺扮演他們的角色。父母身上那些我們評斷為不可接受、不可容忍之事，可能在我們的生命中重現。感覺像是不受歡迎的遺產。

我們假設情況恰恰相反：我們愈遠離父母，就愈不可能過著相似的人生並重複他們遭遇的挑戰。然而，反之可能更真實。當我們遠離父母，往往變得更像他們，並經常過著與他們相似的生活。

舉例來說，如果我們的父親因為是個酒鬼或失敗者而被拒絕，我們可能也會如他一

般酗酒或失敗。當我們無意識重蹈其覆轍，實際上是透過共享他身上被認為是負面的特質，建立起隱性聯繫。

凱文與父親的祕密聯繫

三十六歲時，凱文為了自己在前十大網路公司任職高階管理人員的位置而自豪。然而，他擔心酗酒問題會摧毀他的人生。「我害怕我會崩潰、失敗，並且失去我創建的一切。」

凱文的核心語言：「我會崩潰、失敗，並且失去我創建的一切。」

在他的家族裡，凱文的父親就是這樣。他父親原是成功的律師，後來變成酒鬼、失去工作，也損害了健康。這個家庭最終失去他們的房子。那個時候凱文十歲，他的母親把他送得遠遠的好遠離父親。凱文常常聽到母親說：「你的爸爸很糟。他毀了我們的生活。」凱文在那之後就很少見到爸爸。他的父親早逝於肝功能衰竭，凱文那時二十五歲，同時間，凱文的酗酒問題浮現。

凱文記得自己聽過一起發生在他父親十二歲時的意外事件。他父親和九歲的弟弟攀爬上一座廢棄的農場屋頂，父親的弟弟卻失足墜落喪生。凱文父親因為這起意外而受責怪。凱文現在知道他的父親是如何自責，可能因此而不能活出完整的人生，因為自己的

弟弟失去了這個機會。

某一次診療中，凱文靈光一現，他將這事件與他的自我毀滅相互聯繫。他理解若自己早逝，只會對家族造成更大的破壞。凱文知道了父親所背負的重擔，便能感覺到自己對父親的深愛。他被同理的愛充滿，他因為自己長久以來一直推開父親而覺得抱歉。

僅只是建立連結，凱文就能明顯做出改變。他停止喝酒，並且第一次感受到父親的內在圖像在背後支持著他，此刻，他對即將展開的生活感到雀躍。

對失敗的無意識忠誠

我們不需要拒絕父母以重複那不幸。有時我們會共享那無意識的連結，讓自己陷入類似的經驗。儘管我們為了功成名就付出極大努力，我們可能發現，自己生命中的進展無法超越他們的生命進程。

舉例來說，如果我們的父親生意失敗，並且無法在經濟上提供家中所需，我們可能會無意識地用一樣的方式失敗，藉以和父親聯繫。我們在這隱形的忠誠之中無法脫身，便可能會阻礙成功，確保自己不會超越父親。

我的另一個案巴特，他是銷售團隊中最弱的一人。他只能賺取到勉強維持生計的錢。當我問起他的父親，他解釋著父親只有八年級畢業，過著非常簡單的生活。當我問

若他有很多錢會怎麼樣呢？巴特回答他害怕自己會失去「生活的簡樸」，這是他父親讚頌的美德。「有錢會貶低我的生命，讓生活變得複雜。那會喪失最基本的東西。」

巴特的核心語言：「有錢會貶低我的生命。」

巴特似乎在模仿父親的價值觀。一旦他察覺到自己在不知不覺中以不比父親成功來表達忠誠，便開始重新評估他的財務目標。巴特很清楚，自己受限的成功之路與父親真實渴望的相反。巴特加快腳步，八個月內，他的銷售額翻了一倍。

我們可能會無意識地與父母之外的其他成員聯繫，發現自己無意中與阿姨、叔叔、祖父，或與其他成員連結。

那是保羅的情況。錯過了一次又一次的升遷機會後，保羅來見我。雖然他的上司沒有直接向保羅提起，但他蓬頭垢面以及破舊骯髒的衣服應該替他扣了不少分，他看起來不像領導者。

保羅記得他的祖父，那鎮上的失敗者。他作為一個小男孩時是多麼尷尬。他會和朋友們一起取笑他，因為你總能看到他在垃圾桶裡尋找食物，或在鎮上的電影院午睡。現在，保羅成人了，他正穿著如祖父一般的打扮、重現祖父的恐懼，來重複祖父某些生命的面向。

保羅的核心語言：「我不夠好，他們不要我。」

　　當我們回望家族歷史，保羅的祖父四歲時被送進孤兒院，當時他的父母生活艱困而無法扶養他。保羅現在理解了，他的祖父才是這些感受的合理擁有者，那覺得自己被遺棄和不夠好的感受，保羅只是將其延續下去。

　　知道自己不知不覺間與祖父連結，保羅便能掙脫並感到被釋放。他現在能夠以同情祖父來和他建立聯繫，而不必藉由類似的穿著。保羅理解了這份連結後，便立即為自己的外貌做出正確選擇。

未竟之事的傳承

　　一般的情況下，若有位深愛的家庭成員早逝，而家族成員認為他或她沒有活出完整的生命，在這之後的其他家族成員便可能在靜默的勾連中，無法完成具重大意義的事情。後來的家族成員也可能無法完成人生中的重要任務，像是學業中斷，或能帶來成功的生意無法成交。拖延症也可能源於家庭成員的早逝。

　　理查試圖理解為什麼他總在生活中重複特定模式。他是出色的航空工程師，負責航空領域的重要進程，卻沒有再進一步贏得該有的聲譽。甚至有其他人將原屬於他的成果申請專利。雖然他覺得自己被騙了，但他只責怪自己。「我不冒有可能會讓自己成功的風險，我的成就從未獲得認可。」

理查的核心語言：「我從未獲得認可。」

理查的家庭系統中也存在類似的經歷。他的哥哥是死胎，家裡卻沒有人曾談起他的哥哥或那起死亡。因為哥哥沒有獲得關注與承認，理查也過著不被認可的人生。一旦他了解了這層影響，理查為自己的新發明申請專利，他稱之為「最後一搏」。他向人生跨了一大步，而人生也同樣朝他開啟一扇大門。理查獲得了專利，他的發明也變成航空產業中不可或缺的部分。

當我們生活得不被看見、不獲認可，就像早逝的家庭成員一樣，我們也可能因為出於對家庭成員的忠誠，遭受心智、身體或情緒的挑戰，而過著受限與受約束的生命。因為忠於手足、阿姨、叔叔、父母或祖父母，其生命被我們感知在某種程度上受限，我們就可能無意識地以同樣方式節制自己的生活，限制自我的成就。

過往貧困可能使現今的繁榮黯淡

有時候，我們無意識地對曾生活貧窮、困頓，以致無法提供家人所需的家族前輩們保有忠誠。也許是戰爭、饑荒或迫害逼使他們離開家園、失去財產，才能在另一個世界的角落重新開始。如果我們的家族前輩經驗如此困難，我們可能會持續他們的苦難，卻不明瞭自己正在這麼做，而我們嘗試活出豐富生命的路途也因此中斷。要擁有得比他們

多，並不容易。

通常，透過一個簡單的儀式，向家族成員過去所受的苦致敬，或紀念他們離開的國家或文化，後代便能汲取他們的努力以利用「新」生活的優勢。僅僅是承認我們心中那從舊時而來的種種，那些我們攜帶自過去的國家或文化的種種，似乎都能賜予我們重新開始新生活的許可。

除此之外，當我們感謝新的國家的庇護並提供嶄新的成功機會，我們將更踏實。更進一步，當我們找到方法回饋，無論是繳稅、遵循法律、做慈善服務，用某種服務國家的方式來平衡家族所獲之優勢，我們似乎更易獲得新歸屬所提供的裨益。

自責可能壓抑了功成名就

有時候我們會佔人便宜，或以造成強烈痛苦的方式傷害別人。也許我們透過操作或計謀獲取了不義之財，例如因為財富成婚，或於工作的公司貪污。這樣的事情發生時，我們往往無法固守這些財務收穫。無論我們是否覺得內疚，或是否考慮到行為的後果，我們和（或）我們的孩子，都可能過著貧乏的生活，以平衡那造成的傷害。

總而言之，我們行為的後果、未解之家族創傷的影響、我們與父母的關係，以及與家庭系統中受苦的成員糾纏在一起，都可能是阻擋我們成功的障礙。一旦我們建立與過

去的聯繫，將其整納入還未取得平衡的現在，便是關鍵的一步。當每件事、每個人都能受到被尊重的關懷，過去未竟之事便能留在過去，我們得以更自由、更輕鬆地向前邁進。

二十個成功的問題

探索家族歷史如何影響你的成功時，需考慮以下二十個問題：

1. 你和母親的關係是否頗具考驗？（在第七章複習你的核心描述。）
2. 你和父親的關係是否頗具考驗？（在第七章中複習你的核心描述。）
3. 你父母賴以為生之物是成功的嗎？
4. 你父母是否未能為家庭提供所需？
5. 你父母是否在你還小的時候就分居了？
6. 你母親對你父親的態度如何？
7. 你父親對你母親的態度如何？
8. 你年輕的時候，是否經歷過與母親在身體上或情感上的分離？
9. 你的母親、父親或祖父母是否早逝？
10. 你或你的父母、祖父母是否有任何兄弟姊妹早逝？

11. 你或家中的任何人，是否因其他人的損失而獲得顯著收益？
12. 有人不公正地繼承或獲得財富嗎？
13. 你家中是否有任何人破產、失去家庭財富，或導致家庭經歷財務困難？
14. 家族之外的人，是否導致你的家人遇到經濟困難？
15. 是否有人因為是失敗者、輸家，或是賭徒之類的而被排斥？
16. 是否有人失去了房屋或財產，而難以再獲成功？
17. 你的家族前人貧困嗎？
18. 你或你的父母是移民嗎？
19. 你的家人被迫逃離或被逐出家園嗎？
20. 你或家中的其他人是否傷害、欺騙或利用了某人？

第十四章
核心語言的解藥

如果你深深注視自己的掌心，你會看到你的父母和之前世代的所有先人。這一刻，他們都活著。每個人都存於你的身體。你是他們每一人的延續。

——一行禪師，《平靜的一生》（*A Lifetime of Peace*）

這本書中，我提出一種新的傾聽方式，讓光照亮過去昏暗的長廊。藉由如何解碼自己的核心語言地圖，我們便能解釋，什麼才是屬於自己的，而什麼可能根源於家族歷史中的創傷事件。揭示了那起源，便能釋放舊有模式，從而打開新的途徑，和邁向嶄新生活的可能性。

我希望當你重新檢視你之前寫下的恐懼，已能感到更輕鬆、更自在。也許你對途中所遇之家族成員產生強烈歸屬感與同理心。也許他們現在已用全新的方式和你站在一起——一種支持性的方式，讓你感覺被更強大的、超越你的力量所包圍。也許你能感受

到他們的安慰和支持圍繞。

花點時間感受這種支持，讓呼吸傳遞至你感覺到這股支持的身體部位。現在這些在你內裡的新的感覺，需要你的照顧和注意，才得以茁壯。每一次有意識地呼吸，平靜與幸福的感覺便能向四面八方擴散，成為你的一部分。每次你吸氣，允許這些好的感覺在你身體裡延展。每次你吐氣，允許殘餘的害怕消散於呼出的空氣中。

接續的步驟：繼續變化

透過你的核心句子，和那在你意識覺察的根源處，你能繼續解開繼承來的恐懼之網。那曾經作為無意識的口頭禪，用以將你紮根於苦難的，如今成為賜予你自由的資源。如果你發現舊有的感覺又回來了，只需執行以下步驟。

大聲說出核心句子，或默默對自己說話。當你說話，允許舊有的恐懼感浮現，只消一會兒，讓自己熟悉這種感覺。這些感覺可能是你無意識旋開那核心句子的信號。一旦你意識到，就有能力打破那樣的催眠狀態。以下是簡單的三步驟：

1. 辨認出那些熟悉的想法、圖像和感覺在你之內。
2. 承認舊時的恐懼已然活化。

3.採取行動，以擺脫那漩渦般的感覺。

你所採取的行動至關重要。你可以告訴自己，「這不是我的感覺。我僅是從家族中繼承而來。」有時候，只要如此承認就已足夠。你可能會想到曾讓你受困的創傷事件，或你所連結的家族成員。當你這麼做，請提醒自己，這些感覺都已安歇，這些所涉及之家族成員會安慰你、支持你。

你也可以將手擺在你感受到這些舊有感覺的身體部位，再深深呼吸，允許那呼氣在身體裡延展。當你這麼做，你甚至可以自問：這一刻，我是否在身體內注意到什麼新的感受？當你導引注意力和身體裡的呼吸，並感受在那周遭的感覺，而不是讓自己被它們驅動，你就能轉移內在的經驗。

你也可以重新審視第十章中的實作、練習和儀式，並記住一些你覺得有助於治療的句子。回到本書中你覺得有益處的地方，提醒自己，每當你這樣做，就是在大腦中鋪設新的神經迴路，並在身體中產生新的經驗。每一次你練習感受這些新經驗的情緒和感覺，你就進一步鞏固並深化了癒合的過程。跟著這些步驟，你緩和了大腦對創傷的反應，豐富了大腦的部件，讓它幫助你感覺好一些。透過重複和專注的注意力，新的想法、圖像、情緒和感覺會持續，在日常生活的起伏之中讓你穩定。

到達核心語言路程的終點線

如果你跟隨這本書中的步驟，你可能已經站在自己最深的恐懼的對側。這感覺可能像是站在山頂俯瞰山谷。隔著一段距離，就好似透過廣角鏡一般，一覽整座疆域。山谷底部躺著舊有的恐懼、瘋狂的感情、家庭的心碎和不幸。從這個新的有利位置，所有家族歷史中的片段，都能被看見、被接受。

透過拼湊你家族的基本訊息，你可能已經建立重要的連結。你現在更理解自己和那些生活中無法解釋的感受。很有可能，傷根本不是從你開始的。也許你也發現了自己最深的恐懼已不再駭人，因為遵循著這些字詞，你已被帶到一個新的地方。你現在知道自己恐懼的祕密語言根本就無關乎恐懼。最大的祕密是，那最深的愛從來只是等著被發掘。那愛是前人傳遞下來的，它堅持你得完全活出自己的生命，而不重複過去的恐懼和不幸。這是種深深的愛，這是種安靜的愛，一種永恆的愛，將你與每件事和每個人聯繫在一起，它才是最強大的解藥。

致謝

許多人無私分享他們的時間和故事，才使這部作品有機會成書。他們向我展示的善良和慷慨，讓我感到謙卑且備受祝福。

夏儂・柴裘克（Shannon Zaychuk）博士花了無數小時的工作時間，和我一起重寫這份手稿的早期版本。從概念化到形成頁面上的文字，她幫我打下了本書基礎。她的專業知識和關鍵見解，為這些書頁增添了深刻內容。

絕頂聰明的作者兼編輯芭芭拉・格雷厄姆（Barbara Graham）是我的指路明燈，無論我在任何時候遇到阻礙，她都是我的開拓者。她無窮的智慧，以無止境的方式存在於本書中。

卡莉・唐洛普（Kari Dunlop）在這個計畫的各方面發揮重要作用，從維持家庭系統排列機構的堡壘運作，到提供具助益性的建議和情感支持。我很欣賞她的創造性思維、慷慨的友誼，以及她在每一步的鼓勵。

我非常感謝維京出版社（Viking）的編輯卡洛・德珊蒂（Carole DeSanti），她的眼

界和遠見卓識超出我的想像，以及克里斯多福．羅素（Christopher Russell）和維京出版社整個團隊的浩大支持。

衷心感謝我的經紀人邦妮．索羅（Bonnie Solow），感謝她的智慧，和無可挑剔的指導。

許多其他的朋友和同事為了這個計畫做出巨大貢獻。我非常感謝茹絲．魏斯特洛（Ruth Wetherow）對科學研究的寶貴幫助；感謝達倫．艾勒（Daryn Eller）精巧的點評和書籍提案的專業；感謝娜拉．艾薩克斯（Nora Isaacs）的精明編輯；休斯．德樂漢提（Hugh Delehanty）一路上的慷慨指導；感謝柯瑞．迪肯（Corey Deacon）對神經生理學的幫助；感謝斯蒂芬妮．馬羅恩（Stephanie Marohn）協助建構初稿，以及感謝伊格．荷莫林—莫里亞（Igal Harmelin-Moria），當我內心的視線變暗，讓我保持清醒。

我非常感謝傑出的綜合醫師布魯斯．霍夫曼博士（Bruce Hoffman）的見解和不間斷的支持，以及艾黛爾．陶爾博士（Adele Towers）如雷射光般的敏銳能力，讓我看見何為必不可少。從一開始，他們就鼓勵我帶著這些材料到世界各地。我還要感謝新生兒專家海雷妮．菲利普斯（Raylene Phillips）博士對本書的重要協助，以及凱勒卜．芬奇（Caleb Finch）博士對胚胎學專業知識的慷慨幫助。

我也非常感謝菲兒尼．易姆（Variny Yim）、盧．安．卡利基烏里（Lou Anne

Caligiuri）、陶德・沃林（Todd Wolynn）博士、琳達・阿斯普利（Linda Apsley）、傑斯・夏特金（Jess Shatkin）博士和蘇志・特克（Suzi Tucker）。除了提供寶貴的建議外，他們也持續不斷地激勵我、支持我。

我非常感謝所有的老師，特別是已故的羅傑・伍爾格博士（Roger Woolger），他也熱愛語言。羅傑幫助我解讀了潛意識的緊要語言，他的作品深深啟發我的靈感。我還要感謝已故的耶魯・卡巴爾（Jeru Kabbal），他曾幫助我在逆境中專注當下。

除了可以寫在這裡成為文字，我非常感謝伯特・海寧格作為我的老師，並支持我的工作。他給我的無法估量。

最後，我感謝所有與我分享故事的勇敢人們。我最深切的希望，是我能在這些書頁中，表達敬意。

詞彙表

橋接問題（Bridging Question）

一個可以將持續的徵狀、問題或是恐懼連接到家族創傷，或連到家族中也為此所苦的成員。

核心控訴（Core Complaint）

主要的問題，無論是內化後的，還是外在的投射，往往來自創傷經驗的片段，並以核心與言表達。

核心描述（Core Descriptors）

用以揭露我們對父母潛意識感受的形容詞，或簡短的描述性語句。

核心語言（Core Language）

我們表達最深的恐懼時所使用的特殊詞語和句子，它們提供了線索，引導我們至未解創傷的根源。核心語言也可能用身體感覺、行為、情緒、衝動，以及疾病或病症來表達。

核心句子（Core Sentence）

一句簡短的句子，表達我們最深切恐懼的情緒性語言。它帶有我們幼時或家族歷史中未解創傷之殘跡。

核心創傷（Core Trauma）

在我們早期經驗或家族歷史中未解之創傷，它可能無意識地影響我們的行為、選擇、健康和幸福。

家族圖譜（Genogram）

家族樹的二維視覺表示圖。

療癒語句（Healing Sentence）

具和解或為解方的句子，會帶給我們新的圖像與幸福感。

附錄A 家族歷史的問題列表

- 誰早逝？
- 誰離開了？
- 誰被遺棄、被隔離或被家族排除呢？
- 誰被收養，又或把孩子送養給別人呢？
- 誰在生產的時候死亡？
- 誰是死胎、誰流產或墮胎？
- 誰自殺了？
- 誰被定了重罪？
- 誰經歷了嚴重的創傷或毀滅性的事件？
- 誰失去了家園或財產，並難以恢復正常？
- 誰在戰爭中受苦？
- 誰死於或參與過猶太人大屠殺，或其他大屠殺？

- 誰被謀殺了？
- 誰殺了人，或覺得自己應該為其他人的死亡或不幸負責？
- 誰傷害了、欺騙了或佔了別人的便宜？
- 誰因為他人的損失而獲益？
- 誰被誣告了？
- 誰被送去坐牢，或被送去精神病院？
- 誰有身體上、情緒上或精神上的殘疾？
- 父母或祖父母之中，有哪位在結婚前有過重要的親密關係？發生了什麼事？
- 有誰被其他人深深地傷害了嗎？

附錄B　早期創傷的問題列表

- 當你的母親懷孕，是否受過創傷？她是高度焦慮、沮喪，還是壓力大？
- 你母親懷你期間，她與你父親的關係是否碰上瓶頸？
- 你出生時有否經歷難產或早產？
- 你的母親是否有過產後憂鬱症？
- 你出生後不久曾和母親分開過嗎？
- 你是被領養的嗎？
- 你出生的頭三年是否經歷過創傷，或被迫與母親分離？
- 你或你的母親是否曾經被迫住院而和彼此分開呢？（可能你在保溫箱中待了一段時間，或是經歷過扁桃腺移除手術或其他醫療手術，或是你的母親需要動手術或經歷產後併發症等？）
- 你出生的頭三年，你的母親有創傷或情緒混亂的經歷嗎？
- 在你出生前，你的母親有失去孩子或流產嗎？

- 你母親的注意力是否因為兄弟姊妹的創傷而被轉移開來？（晚期流產、死胎、死亡，或是醫療急救等等？）

國家圖書館出版品預行編目資料

問題不是從你開始的：以核心語言方法探索並療癒家族創傷對於身心健康的影響／馬克．渥林（Mark Wolynn）著；陳璽尹譯 . -- 二版 . -- 臺北市：商周出版，城邦文化事業股份有限公司出版：英屬蓋曼群島商家庭傳媒股份有限公司城邦分公司發行，2024.01
面；　公分 . ——
譯自：It didn't start with you : how inherited family trauma shapes who we are and how to end the cycle

ISBN　978-626-318-972-0（平裝）

1. 自我實現 2. 心理創傷 3. 記憶

177.2　　112020200

問題不是從你開始的：以核心語言方法探索並療癒家族創傷對於身心健康的影響

原著書名／It Didn't Start with You: How Inherited Family Trauma Shapes Who We Are and How to End the Cycle
作　　者／馬克．渥林（Mark Wolynn）
譯　　者／陳璽尹
企畫選書／林宏濤
責任編輯／陳思帆、楊如玉

版　　權／林易萱
行銷業務／周丹蘋、賴正祐
總 編 輯／楊如玉
總 經 理／彭之琬
事業群總經理／黃淑貞
發 行 人／何飛鵬
法律顧問／元禾法律事務所　王子文律師
出　　版／商周出版　城邦文化事業股份有限公司
台北市104民生東路二段141號9樓
電話：(02) 25007008　傳真：(02)25007759
E-mail:bwp.service@cite.com.tw
發　　行／英屬蓋曼群島商家庭傳媒股份有限公司 城邦分公司
台北市中山區民生東路二段141號11樓
書虫客服服務專線：02-25007718；25007719
服務時間：週一至週五上午09:30-12:00；下午13:30-17:00
24小時傳真專線：02-25001990；25001991
劃撥帳號：19863813；戶名：書虫股份有限公司
讀者服務信箱：service@readingclub.com.tw
城邦讀書花園：www.cite.com.tw
香港發行所／城邦（香港）出版集團有限公司
香港九龍九龍城土瓜灣道86號順聯工業大廈6樓A室
E-mail：hkcite@biznetvigator.com
電話：(852) 25086231　傳真：(852) 25789337
馬新發行所／城邦（馬新）出版集團【Cité(M)Sdn. Bhd.】
41, Jalan Radin Anum, Bandar Baru Sri Petaling,
57000 Kuala Lumpur, Malaysia
電話：(603) 90578822　傳真：(603) 90576622

版型設計／鍾瑩芳
封面設計／周家瑤
排　　版／游淑萍
印　　刷／高典印刷有限公司
經　　銷／聯合發行股份有限公司　電話：(02)2911-0053

■2024年1月二版
定價／400元

Printed in Taiwan
城邦讀書花園
www.cite.com.tw

廣	告	回	函
北區郵政管理登記證			
台北廣字第000791號			
郵資已付，免貼郵票			

104 台北市民生東路二段 141 號 11 樓

英屬蓋曼群島商家庭傳媒股份有限公司　城邦分公司

請沿虛線對摺，謝謝！

書號：BX1075X	**書名**：問題不是從你開始的	**編碼**：

請於此處用膠水黏貼

商周出版

讀者回函卡

感謝您購買我們出版的書籍！請費心填寫此回函卡，我們將不定期寄上城邦集團最新的出版訊息。

線上版讀者回函卡

姓名：＿＿＿＿＿＿＿＿＿＿ 性別：□男 □女

生日：西元＿＿＿＿年＿＿＿＿月＿＿＿＿日

地址：＿＿＿＿＿＿＿＿＿＿

聯絡電話：＿＿＿＿＿＿＿＿ 傳真：＿＿＿＿＿＿＿＿

E-mail ：

學歷：□ 1. 小學 □ 2. 國中 □ 3. 高中 □ 4. 大學 □ 5. 研究所以上

職業：□ 1. 學生 □ 2. 軍公教 □ 3. 服務 □ 4. 金融 □ 5. 製造 □ 6. 資訊
□ 7. 傳播 □ 8. 自由業 □ 9. 農漁牧 □ 10. 家管 □ 11. 退休
□ 12. 其他＿＿＿＿＿＿＿＿

您從何種方式得知本書消息？

□ 1. 書店 □ 2. 網路 □ 3. 報紙 □ 4. 雜誌 □ 5. 廣播 □ 6. 電視
□ 7. 親友推薦 □ 8. 其他＿＿＿＿＿＿＿＿

您通常以何種方式購書？

□ 1. 書店 □ 2. 網路 □ 3. 傳真訂購 □ 4. 郵局劃撥 □ 5. 其他＿＿＿＿

您喜歡閱讀那些類別的書籍？

□ 1. 財經商業 □ 2. 自然科學 □ 3. 歷史 □ 4. 法律 □ 5. 文學
□ 6. 休閒旅遊 □ 7. 小說 □ 8. 人物傳記 □ 9. 生活、勵志 □ 10. 其他

對我們的建議：＿＿＿＿＿＿＿＿＿＿

【為提供訂購、行銷、客戶管理或其他合於營業登記項目或章程所定業務之目的，城邦出版人集團（即英屬蓋曼群島商家庭傳媒（股）公司城邦分公司、城邦文化事業（股）公司），於本集團之營運期間及地區內，將以電郵、傳真、電話、簡訊、郵寄或其他公告方式利用您提供之資料（資料類別：C001、C002、C003、C011 等）。利用對象除本集團外，亦可能包括相關服務的協力機構。如您有依個資法第三條或其他需服務之處，得致電本公司客服中心電話 02-25007718 請求協助。相關資料如為非必要項目，不提供亦不影響您的權益。】

1.C001 辨識個人者：如消費者之姓名、地址、電話、電子郵件等資訊。
2.C002 辨識財務者：如信用卡或轉帳帳戶資訊。
3.C003 政府資料中之辨識者：如身分證字號或護照號碼（外國人）。
4.C011 個人描述：如性別、國籍、出生年月日。

請於此處用膠水黏貼